致敬 75 周年

光耀齐鲁

国网山东省电力公司◎编

中国电力出版社
CHINA ELECTRIC POWER PRESS

内 容 提 要

2024 年是中华人民共和国成立 75 周年。75 年来，国网山东电力一代代电力人一心向党、锐意创新、勇争排头，以澎湃动能挺起了经济大省的发展脊梁。本书以国网山东电力经营区域内 16 个地市级电网公司为篇章，每个篇章从历史、人文入手，以独特的视角和主题展开，通过精美的图片展示及内涵丰富的文字，展现出国网山东电力在服务地方发展、推动经济建设、助力人民美好生活的责任与担当。

图书在版编目（CIP）数据

光耀齐鲁 / 国网山东省电力公司编 . -- 北京：中国
电力出版社，2024. 11. -- ISBN 978-7-5198-9401-6

Ⅰ . F426. 61-53

中国国家版本馆 CIP 数据核字第 2024G1Z860 号

出版发行：中国电力出版社
地　　址：北京市东城区北京站西街 19 号（邮政编码 100005）
网　　址：http://www.cepp.sgcc.com.cn
责任编辑：曹　巍（010-63412609）
责任校对：黄　蓓　常燕昆　张晨荻
装帧设计：锋尚设计
责任印制：杨晓东

印　　刷：北京瑞禾彩色印刷有限公司
版　　次：2024 年 11 月第一版
印　　次：2024 年 11 月北京第一次印刷
开　　本：889 毫米 ×1194 毫米　16 开本
印　　张：22
字　　数：551 千字
定　　价：128.00 元

Preface
前言

岱青海蓝，光耀齐鲁。

2024年是中华人民共和国成立75周年。75年来，一代代山东电力人一心向党、绝对忠诚永葆初心，一心为民、竭诚奉献永不止步，一心登高、锐意创新永争排头，一心实干、顽强拼搏永续奋斗，以满格电力照亮了孔孟之乡的美好希望，以澎湃动能挺起了经济大省的发展脊梁。

回顾过去，国网山东电力是世界上第一双铁鞋的诞生地，1966年，淄博电力职工张克京创新发明登杆铁鞋，极大地提升了工作效率，至今仍在世界各地广泛使用；是电网铁军精神的发源地，20世纪六七十年代，山东电力在极为艰苦的环境中，孕育形成了以"特别能吃苦、特别能拼搏"为基本特征的"铁军精神"；是率先实现户户通电的首创地，1996年2月18日，山东率先在全国实现全省户户通电，成为电力发展史上的一座丰碑，为实现全国户户通电发挥了重要的示范作用。

立足当下，国网山东电力紧抓能源转型大势，服务新能源装机容量达到9400万千瓦、省级电网第一，风光最大出力5189万千瓦，占同时刻全网负荷的62%，在运在建抽水蓄能电站5座、容量700万千瓦，服务新型储能装机达572万千瓦、全国第二，山东电网在东部沿海省份中最具新型电力系统特征，努力打造绿色低碳转型的先行地。

展望未来，12万山东电力人聚力争当精神富足的奋斗者，聚焦"全员、全域、全速"创新，坚持"求实、务实、扎实、真实"作风，在新时代里团结奋斗，在新创业中艰苦奋斗，在新挑战中顽强奋斗，在新征程上接续奋斗，奋进再登高，创新走在前，奋力谱写卓越山东电力建设新篇章！

改革潮涌，自当扬帆破浪；

登高向前，更需奋斗以成。

今天，就让我们翻开《光耀齐鲁》，

踏上这一段段历经不凡、更显非凡的奋斗之旅……

Contents

目录

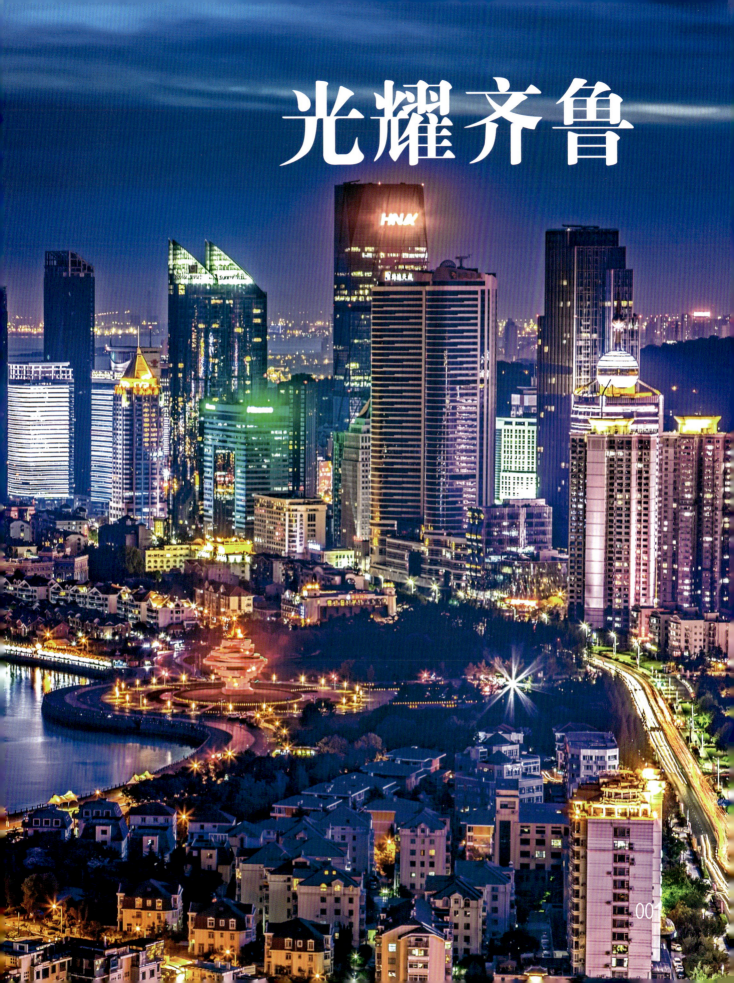

光耀齐鲁

这里，

山川旖旎、阡陌纵横，
岱青海蓝、五彩斑斓 。

泰山从这里拔地而起，俯瞰陆域面积 15.58 万平方千米的齐鲁大地，赋予了山东人沉稳、厚重、朴实的秉性；

黄河由这里奔流入海，拥抱海洋面积 15.96 万平方千米的黄渤海湾，孕育了山东人包容、开放、博大的胸襟；

孔子在这里诞生讲学，创立蕴藏中国人精神根脉、绵延两千多年的儒家学说，涵养了山东人重情重义、豪爽厚道的品格。

"一山一水一圣人。"

山东是中国东部沿海的人口大省、经济大省、文化大省，2023 年末总人口 10122.97 万，辖 16 个地级市、136 个县（县级市、区）、1822 个乡镇。

2023 年末山东省人口
10122.97 万

山东

陆域面积 **15.58 万平方千米**
海洋面积 **15.96 万平方千米**

■ 济南泉城广场（上图）

■ 青岛浮山湾夜景（下图）

徐可 摄

徐可 摄

王德全 摄

■ 岱庙（上图）

■ "五岳独尊"题刻，为泰山标志性景观题刻，位于泰山玉皇庙东南（下图）

004

王德全 摄

一山

山东，好山好水好风光，名山峻岭不胜枚举。既有"海上名山第一"崂山、"奇秀不减雁荡"的五莲山、"中国第五大地貌"岱崮地貌，也有"天然氧吧"沂蒙山、"江北小庐山"徂徕山和"济南三大名胜"之一的千佛山。

在这群山苍翠、岗峦起伏之间，泰山居其中、冠群峰，独领风骚，**"五岳之尊"**享誉海内外，奇绝数千年。

"会当凌绝顶，一览众山小。"古往今来，"登泰山"所代表的奋勇向上的精神，不仅融入山东人的血液中，成为山东人的性格，也为山东电力人印刻了钢铁的意志、注入了铁军的基因。

你听说过**"登泰山的第五条路"**吗？

游客登泰山有四条路，分别是红门路线、天外村路线、桃花峪路线和东御道。20世纪80年代初，随着泰山游客数量增长，急需修建游览索道，建设一条从山脚直达山巅的35千伏输电线路也被提上日程。但架设的线路不能影响自然景观，电力建设者只能另辟蹊径，哪里路险，哪里就成了线路的途经之处。

1983年，海拔847米的35千伏中天门变电站正式投运，成为山东省内海拔最高的变电站，输电线路经过91基杆塔从山下一路延伸上来。

自从泰山有了中天线，就有了巡线工。他们日复一日、年复一年地巡线，走出了"登泰山的第五条路"。

这，是山东电网发展的一个缩影。

一水

水是生命之源，滋养人文之脉。

山东覆盖黄、淮、海三大流域，水系发达、河湖众多，灿烂文明与潋滟水光交相辉映。

在山东，你可以"观海"抒怀，绵延 3505 千米的"仙境海岸"，串联起 589 个近海岛屿，让人心旷神怡、流连忘返。

在山东，你可以"临河"思源，母亲河流经九市、蜿蜒千里、奔流入海，大运河联通南北、纵贯古今、悠悠流淌。

在山东，你可以"游湖"赏景，大明湖、南四湖、东平湖、东昌湖、雪野湖、云蒙湖等湖泊如璀璨明珠，镶嵌在齐鲁大地。

在山东，你可以"赏泉"纳凉，"泉城"济南1209处泉水、950处名泉，水涌若轮、泉甲天下。

■ 黄河三角洲湿地中飞翔的东方白鹳（上图）
■ 位于山东聊城东阿的陇东—山东 ±800 千伏特高压线路工程最高铁塔，塔高 159.5 米（下图）

张勇强 摄

徐可 摄

007

陈硕 摄

一圣人

齐鲁山川，礼行天下！

听！曲阜乡间小学校园里传来学生们的琅琅读书声："学而时习之，不亦说乎？有朋自远方来，不亦乐乎……"

"非齐鲁无以生孔子，非齐鲁无以成儒学。"两千多年前，"至圣"孔子诞生于兹，杏林开坛、以学立身，由他创立的儒家学说以及在此基础上发展起来的儒家思想，对中华文明乃至世界文明影响至深至今。

而今，孔子智慧及儒家思想依然闪耀着灿烂的时代光芒，尼山世界文明论坛、国际孔子文化节每年接待来自全球各地的文化交流使者，书写着不同文明双向奔赴的时代篇章。

不仅在国内，"孔子学院"遍布五大洲，借助这条加深了解、增进友谊的桥梁纽带，以儒家思想为代表的中华优秀传统文化为构建"人类命运共同体"贡献着智慧和方案。

■ 曲阜尼山圣境（左页图）
■ 济宁市中小学生在曲阜万仞宫墙前诵读《论语》（上图）

■ 山东—河北 1000 千伏特高压交流环网工程

徐可 摄

奋进之路

在辛店电厂建成2台10万千瓦机组，创造了一年建成"双十万"的纪录，山东电力"全局一盘棋，共同抓建设"的基建经验初步形成。

1898年

青岛胶州湾亮起第一盏电灯，成为山东有电之肇始。

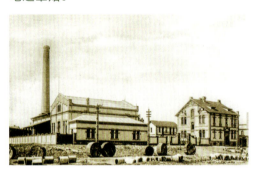

1957年

第一座110千伏变电站——济南南郊变电站和第一条110千伏线路——神济线（淄博神头电厂—济南南郊变电站）投运，山东第一个跨地区电网——鲁中电网建成。

1980年

潍坊—招远220千伏输电线路和220千伏招远变电站投产，烟台地区并入山东电网，山东统一电网形成。

1982 年

山东第一条 35 千伏海底电缆——蓬莱—长岛线路建成投产，山东唯一一个海岛县电网并入山东电网。

1996 年

农历除夕，临沂市费县方城镇西红峪自然村 8 家农户合闸送电，山东成为全国首个户户通电的省份。

1984 年

全国首个中央和地方集资建设的电厂——龙口电厂建成投产。

老百姓说，电线入户，小康起步。

2000 年

山东电力勇于担当，主动接受社会监督，在全系统实施"彩虹工程"，向全社会作出"让政府放心、让人民满意"的庄严承诺。

2005 年

辛聊Ⅰ线、Ⅱ线成功投运，标志着山东电网与华北电网正式联网，山东结束独立省网的时代，融入全国电网。

2000 年

山东在全国率先实现 500 千伏系统环网运行，进入了超高压、大容量的新时期。

2011 年

山东电力售电量突破 3000 亿千瓦时。

2017 年

完成济南、淄博、济宁、德州、聊城、滨州、菏泽 7 个大气污染传输通道城市冬季采暖"煤改电"用户 10 万户配套电网改造，助力全省"蓝天保卫战"。

2022 年

迎峰度夏期间，山东电网全网负荷八创新高、首次破亿，最高达 10821 万千瓦，山东全网用电负荷迈入"亿千瓦"时代。

2018 年

圆满完成上合组织青岛峰会保电任务，实现了电网设备零缺陷、重要负荷零闪动、供电服务零投诉、安保反恐零事件、人员工作零差错、网络信息安全零漏洞"六个零"目标。

2024 年

服务山东风电光伏装机年内率先突破 1 亿千瓦，位居省级电网第一，成为首个风力发电、光伏发电年发电量突破 1000 亿千瓦时的省份。

■ 山东—河北 1000 千伏特高压交流环网工程

徐可 摄

山东电网是国内最大的交直流混联省级电网，以"五交三直一环网"为核心，"500 千伏密集环网"为骨干，"地区 220 千伏网架"为支撑。通过六回 1000 千伏交流线路、两条 ±800 千伏直流线路、一条 ±660 千伏直流线路和四回 500 千伏线路，与华北、西北、东北电网联网。

输变配电设备规模稳居国网前列

35 千伏及以上输电线路长度

12.03 万千米

35 千伏及以上变电站变电容量

62.39 万兆伏安

10 千伏配电线路

34.92 万千米

10 千伏公用配变设备

48.24 万台

国网山东省电力公司下辖 17 家地市级供电企业、20 家省公司业务单位及 98 家县供电公司，服务电力客户 5727 万户，覆盖全省所有居民客户。

承担中巴经济走廊唯一的电网项目、巴基斯坦"南电北送"大动脉——默蒂亚里—拉合尔 ±660 千伏直流输电工程的运维管理。

山东—河北 1000 千伏特高压交流环网工程

徐可 摄

2011 年 2 月

世界首个 ±660 千伏直流输电工程——银东直流输电工程建成投产。该工程西起银川东，东到青岛，全长 1335 千米，是我国"西电东送"的重要通道，大力促进了山东经济的发展。

2016 年 6 月

山东首个特高压工程——锡盟—山东 1000 千伏特高压交流输变电工程山东段正式投运。

2017 年 8 月

榆横一潍坊 1000 千伏特高压交流输变电工程投运，标志着列入国家大气污染防治行动计划重点输电通道的"四交"特高压工程建设任务全部圆满完成。

2019 年 1 月

山东第一条特高压直流输电线路——上海庙一山东 ±800 千伏特高压直流输电线路投运。

2020 年 1 月

山东一河北 1000 千伏特高压交流环网工程投运。山东电网形成以"五交三直一环网"特高压交直流电网为骨干网架，"五横三纵" 500 千伏电网为主网架，各级电网协调发展，适应各类电源、用能设施灵活接入的坚强智能电网，特高压交直流混联电网规模全国最大。

2023 年 3 月

我国首个"风光火储一体化"大型综合能源基地外送项目——陇东一山东 ±800 千伏特高压直流工程开工。

强大电流沿着特高压输电大通道，奔涌向前，

承载着电力人的不息激情，

源源不断地为山东这一经济巨擘注入活力。

■ 上海庙—山东 ±800 千伏特高压直流输电工程

徐可 摄

刘文华 摄

国网山东电力立足客户视角，建成以客户为中心的现代服务体系，创新推出"网上办""零证办""一链办"服务模式，国内首创"零证办电""一链审批"等山东经验，开展"电满格、靓齐鲁"服务品牌建设行动，创新推广供电服务"高效办成一件事"，作为唯一企业荣获**山东优化营商环境最佳案例**。

远德亮 摄

齐山峰 摄

■ 东营曙光汇泰渔光电站

黄高潮 摄

绿色发展是高质量发展的底色

国网山东电力主动适应"双碳"大势，深入开展"清风暖阳"新能源并网服务专项行动，创新探索集中汇流、群调群控、云储能等技术路线，服务山东风电光伏装机年内率先突破1亿千瓦、位居省级电网第一；风光年发电量首家突破1000亿千瓦时；新型储能规模全国领先，打造了专业高效、开放友好的并网服务"山东样板"。

崔焕甲 摄

2024年6月17日，山东电力现货市场成为国家电网经营区内首个在受端省份正式运行的现货市场。

连续两年联合主办中国（山东）储能高质量发展大会。

于方舟 摄

肥城300兆瓦先进压缩空气储能国家示范电站可实现连续放电6小时，年发电量约6亿千瓦时。

电靓和美乡村

国网山东电力加强农村电网建设，开展农时节令特色电力服务，发布全国首套乡村电气化团体标准，创新"村网共建"电力便民服务模式，助力黄三角农高区"农业数字化＋园区低碳化"，服务乡村振兴齐鲁样板提档升级，获评山东省乡村振兴特别贡献单位。

王灿成 摄

护航绿色出行

国网山东电力全力打造高质量充电基础设施体系，截至 2024 年 9 月底累计建成充电站 2880 座，充电桩 2.03 万余台，乡镇公共充电设施覆盖率超过 86%。创新探索车网互动运营新模式，开展居住区"统建统服"试点建设。在全国率先实现全部自营高速充电站全时段绿电供应。

建成国内首座全要素绿色低碳车网互动充换电示范站——济南起步区绿色低碳车网互动充换电示范站，融合"光储充换放保检"等全量要素，打造技术先进、要素齐全、场景丰富的国内一流车网互动充换电示范站。

屋顶光伏

分布式储能

液冷超充桩

028

赵洪军 摄

车网互动充换电示范站

车网互动

储能式保电车

电池检测

应急电源车

导轨式移动充电区

何延海 摄

029

"全员、全域、全速"创新

国网山东电力创造性落地新型电力系统、新型能源体系、新质生产力、新型工业化部署，深入实施创新驱动发展战略，全力推进新型电力系统关键核心技术攻关，持续增强创新意识、完善创新体系、深化科研改革、加强产学融合、培育创新人才，久久为功打造"卓越创新力"。

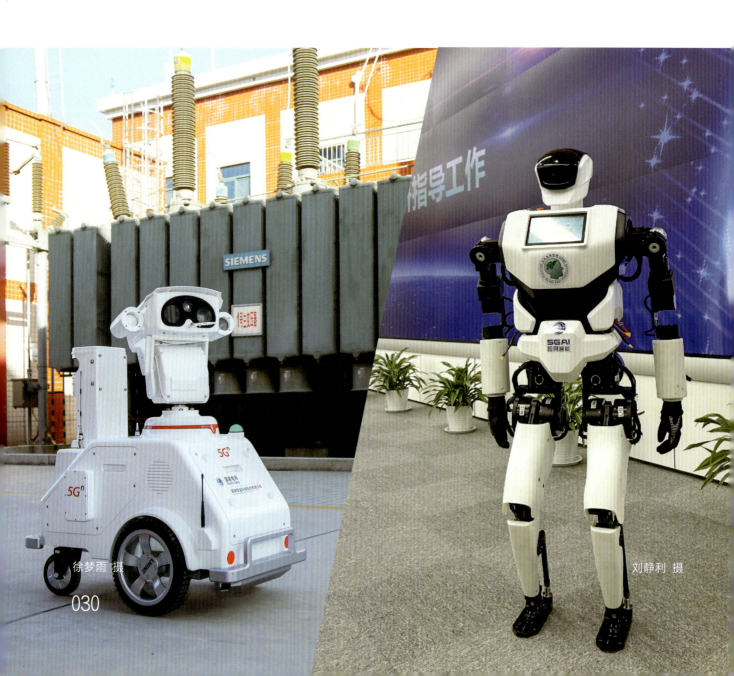

徐梦雨 摄

刘静利 摄

加强同高校、科研院所及产业链上下游企业的深度合作，牵头、参与国际、国家、行业以及国家电网有限公司标准制定，实现国际三大标准组织全覆盖。

推出四足机器人、输电线路 X 光检测机器人、电力专用无人机、移动机场等产品，打造 7 大系列 20 余个品类的"电力机器人家族"。

"火石"平台为全国能源行业唯一、驻鲁央企首个国家级"双跨"工业互联网平台。

发明专利拥有量国家电网有限公司系统首家突破 8000 项，5G 应用成果亮相巴塞罗那世界移动通信大会。

杨文昌 摄

徐梦雨 摄

031

工匠大师人才辈出

国网山东电力职工王进、冯新岩分别当选"大国工匠"年度人物；

成为国网系统唯一 **"双大国工匠"单位**；

14 人入选泰山人才工程，数量位居全省参评企业首位；

国家电网有限公司首席专家数量连续两年位居系统第一；

29 人获评国网首批特级技师，占国网总数的四分之一。

张进 摄

牵头建成并运营山东省电力工匠学院、新能源工匠学院，打造全省电力行业高技能人才培育示范基地、劳模工匠精神传承教育阵地、高质量发展创新引领高地。

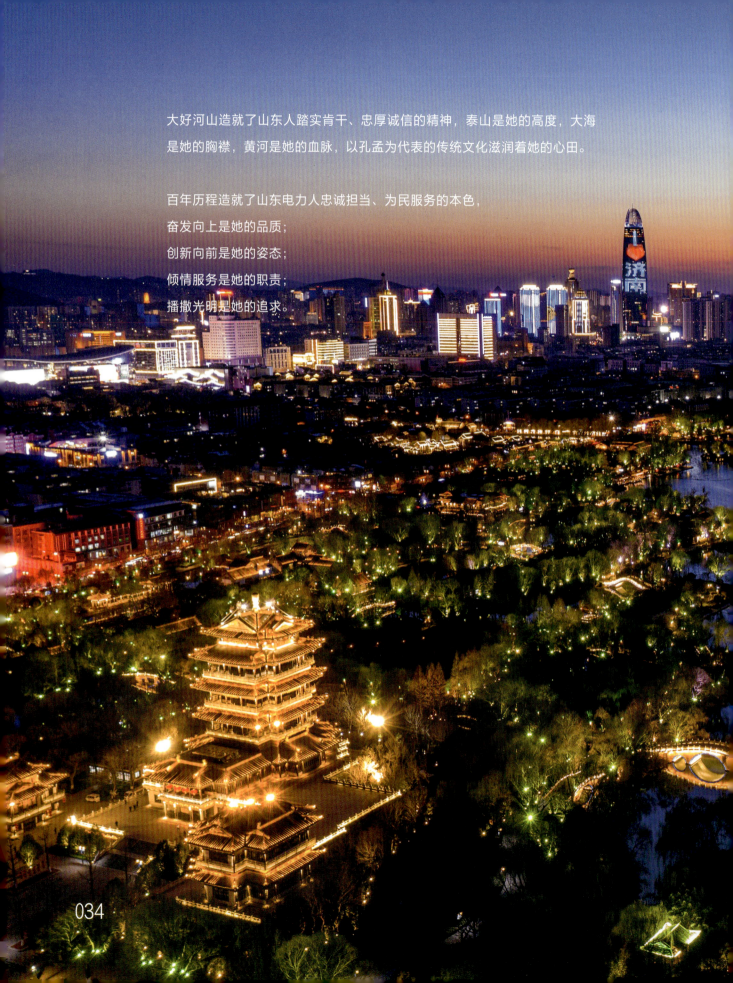

大好河山造就了山东人踏实肯干、忠厚诚信的精神，泰山是她的高度，大海是她的胸襟，黄河是她的血脉，以孔孟为代表的传统文化滋润着她的心田。

百年历程造就了山东电力人忠诚担当、为民服务的本色，
奋发向上是她的品质；
创新向前是她的姿态；
倾情服务是她的职责；
播撒光明是她的追求。

坚强智能的电网筑牢山东社会发展、经济腾飞的根基，

强劲的电流照亮了城乡、照亮了希望、

照亮了齐鲁百姓的幸福之路。

人民电业为人民。

徐可 摄

035

光耀济南

南依泰山　　北跨黄河
柳拂明湖　　泉涌趵突
龙山旧迹　　史载千秋

036

◉ 七十二名泉星罗棋布
　素有"天下泉城"之称
　家家泉水　户户垂杨
　山拥千佛　湖映斜阳
　河贯城厢　水荫闾巷
　山、泉、湖、河、城交相辉映

◉ 海右此亭古　济南名士多
　易安居士李清照　词风婉约　情真意切
　稼轩居士辛弃疾　壮志凌云　豪迈奔放

◉ 四面荷花三面柳　一城山色半城湖
　百般风韵百般秀　千古泉声千古儒

夜幕降临，济南城被灯火点亮，璀璨的灯光与流动的车灯交相辉映

何延海　摄

037

济南，别称泉城，山东省辖地级市、省会

下辖 **10** 个区 ｜ **2** 个县 ｜ 总面积 **10244.45** 平方千米 ｜ 2023 年末常住人口 **943.70** 万人

成功举办 亚洲杯 全运会 中国国际园林花卉博览会 中国艺术节 等多项国际和国家级盛会

2023 年全市生产总值 **12757.42** 亿元

济南

何延海 摄

大明湖的夜晚流光溢彩

 奋进之路

1997

建成投运莱芜首座220千伏变电站——棋山变电站。

1992—1995

1992年4月实现"村村通电",1995年实现"户户通电"。自此,济南人民彻底告别了煤油灯照明历史。

1990

500千伏济南变电站建成投运,成为济南重要电源支撑点之一。

1998—2005

通过两期农网改造工程和城网改造工程,基本形成布局合理、供电能力较强的电网构架,大大增强了电网的供电和配电能力。

2016

建成投运山东第一座特高压变电站——1000千伏泉城变电站。

2019

建成投运国网首座110千伏智慧变电站——商西变电站。

1905

山东沂水人刘恩驻出资购买了两台42千瓦的发电机和两台3吨蒸汽锅炉，创办了济南电灯房，在古老泉城的明湖之畔点亮了第一盏电灯。

1945

建成济南地区第一条10千伏线路，全长6.56千米。

1962—1978

建成投运两座220千伏变电站。

1960

济南市区内取消了5千伏、6.3千伏电压等级，统一配电电压等级为10千伏，市区配电网电压质量有了显著改善，供电能力比升压前提高了近一倍。

1957

架设济南第一条也是全省第一条跨地区110千伏输电线路神济线，建成山东第一个跨地区电网——鲁中电网。
建成济南市区第一条35千伏输电线路——东郊线，全长14.4千米。

2020

投运山东省首座集控站——西区集控站。
济南莱芜电网并网投运全国首个利用电网退运电池建成的储能电站——口镇综能储能电站。

2023

建成投运110千伏仙寨、后陈两座智慧化变电站，起步区核心区域实现变电站"零突破"。

2024

建成投运国内首座全要素绿色低碳车网互动充换电示范站。

徐可 摄

1000 千伏泉城特高压变电站

电等发展

　　济南电网是山东电网的重要枢纽骨干电网，有 1000 千伏泉城变电站，500 千伏济南、长清、闻韶、蟠龙、天衍变电站，以及黄台电厂、章丘电厂和石横电厂共 9 个电源点，构成了坚强的电源支撑。经过多年发展，济南电网形成了以 1000 千伏泉城变电站为龙头、500 千伏系统环网为支撑、220 千伏系统为骨干网架、110（35）千伏系统深入负荷中心、10 千伏智能配网辐射全市，各层级电网协调发展的坚强网架结构。

截至 2024 年 6 月底 ▶

 35 千伏及以上变电站 **416** 座

 变电总容量 **44807** 兆伏安

 35 千伏及以上输电线路 **694** 条

 10 千伏及以下配电网线路 **3423** 条

济南地区大范围降雪导致 220 千伏衍铁线覆冰，国网济南供电公司输电运检人员在海拔 800 多米的章丘区摩诃山 ｜ 何延海 摄
开展冰情监测，首次启用大载重无人机除冰，保障春运期间济青高铁安全稳定供电

坚强电网
夯实城市发展基础

高标践行"电等发展"理念，以高效服务助推重大项目建设，为济南"强省会"战略的实施提供更为稳固的电力保障，服务济南城市发展新格局。

◎ **电力先行 重规划、谋发展：**编制国内首个零碳视角下的能源互联网规划，中国工程院王成山院士领衔的专家团队评价"达到国际领先水平"。

◎ **高标建设 保民生、助大局：**110 千伏变电站单电源隐患全面消除，起步区核心区域实现变电站"零的突破"。全省首家成立重点工程物资项目部，超前介入保障物资按期供应，提升电网本质安全水平。

何延海 摄

夜幕降临，华灯初上，超然楼被温暖而明亮的灯光笼罩

044

优质服务
提升客户用电体验

持续优化电力营商环境，助力企业降本增效，增强客户电力使用的满足感，提升优质服务水平。

◎ **减流程：**聚焦"高效办成一件事"，打造电热水气讯"一码缴费""一张表单"特色服务实践。

◎ **降成本：**全省率先将小微企业低压接入上限容量提升至 200 千瓦。政企共担推进供电接入工程"投资到红线"政策全电压等级覆盖，为 143 个高压客户节省投资 3.69 亿元。

◎ **优服务：**攻坚老旧小区"一户一表"供电改造，完成 206 个小区 7.15 万户非直供户接收。推进政企网格融合"共建共治共享"融合服务，建成"网格共建"示范点 220 个。

国网济南供电公司员工在章丘三涧溪村巡视线路

国网济南供电公司员工赴企业了解客户用电需求

徐娜 摄

国网济南供电公司员工上门了解农光互补电站设备运行情况

清洁低碳
推动能源结构转型

积极助力"双碳"目标落地，高水平建设新型电力系统，大力支持风电、光伏等清洁能源发展，加快推动能源绿色低碳转型升级。

◎ **服务新能源产业发展**：开展 "清风暖阳" 并网服务行动，新能源装机容量达到 320.45 万千瓦，储能装机完成 10 万千瓦，新能源利用率 98.5%。

◎ **加快新型电力系统建设**：投运华北多资源控制系统齐福储能子站，实现 220 千伏新能源和独立储能主动支撑功能全覆盖，持续强化大电网安全防御能力。

◎ **有序实施电能替代**：创新推出"电能替代＋需求响应"服务举措，建成全国首个"环省会高速充电补能圈"，充电量国网省会城市大型供电企业首家突破 1 亿千瓦时。

社会和谐
温暖民生幸福生活

坚持"彩虹连心·先锋先行"，持续依托"善小·山泉"志愿服务品牌，积极作为、主动奉献，畅通对外交流途径，展现责任央企担当。

◎ **志愿服务 传递善意：**优化服务机制，加强彩虹共产党员服务队"总队—分队—驿站"建设，推出彩虹故事 10 期。

◎ **透明沟通 聚力和谐：**构建市县"1+6"融媒体系，中央三大媒体刊发县公司报道 50 余篇。固化"三三制"立体传播机制，联合济南市委开展"泉城最美供电人"发布活动，累计触达超 4000 万人次。

刘洪金 摄

刘洪金 摄

徐娜 摄

带电之光　闪耀泉城

从 1905 年大明湖畔亮起第一盏电灯至今，济南电力已走过近 120 年风雨，为济南经济繁荣和人民生活筑起一道坚强可靠的能源屏障。

有一群勇敢无畏的带电作业人，用智慧和汗水书写着济南电网发展的壮丽篇章。自 1958 年济南供电局成立带电作业班至今，66 年的带电作业发展历程中，就有山东带电作业第一人崔少相和"三八"女子带电班，任凭岁月更替，他们的事迹宛如历史长河中的绚烂星辰，熠熠生辉。

艰辛奋进　开创带电先河

崔少相这个名字在山东电力发展的历史中具有不容忽视的分量。他被誉为山东省带电作业第一人，为济南乃至整个山东的电力事业开辟了新的天地。

济南供电局党总支召集会议
向线路工人提出了不停电检修的课题

20 世纪五六十年代，电力供应紧张，停电检修对生产生活造成了极大的影响。要保障电力的持续稳定供应，必须突破传统的停电检修模式，探索带电作业的新途径。然而，带电作业在当时是一项充满危险和挑战的任务，没有现成的经验可循，一切都要从零开始。

回忆起最初的日子，条件的艰苦超乎想象。缺乏先进的设备和完善的防护措施，每一次带电作业都像是在钢丝上行走。但崔少相没有丝毫退缩，他凭借扎实的电力知识和一股不服输的劲儿，一头扎进了研制防护装备的工作中。

他整日把自己关在狭小的工作室里，周围堆满了图纸和材料。在经历了反复的思考和多次试验后，崔少相意识到，要保障作业人员的安全，首先需要一个能够全方位防护的装置。于是，金属笼的构思在他脑海中逐渐成形。然而，从想法到实际制作，每一步都充满了挑战。为了找到最合适的金属材料，他跑遍了大大小小的工厂和市场，不断对比各种金属的导电性、强度和柔韧性。

一次又一次的失败让身边的人都忍不住劝他放弃，可崔少相坚定地说："带电作业是未来的趋势，我们不能因为困难就退缩。只要能保障大家的安全和电力的稳定供应，再苦再难我们也要坚持下去！"

经过无数次的失败，崔少相终于成功打造出了第一代金属笼。但新的问题接踵而至，金属笼虽然能提供一定的防护，可对于作业人员身体的灵活度限制较大。于是，他又马不停蹄地投入改进工作中，夜以继日地研究如何优化结构，减轻重量。

在金属笼的改进取得阶段性成效后，崔少相又敏锐地意识到，仅仅依靠金属笼还远远不够，还需要一种能够贴身防护的装备。这个想法促使他开启了屏蔽服的研制之旅。

屏蔽服的研制同样困难重重。材料的选择、编织的方式、服装的舒适度和防护性能的平衡，每一个环节都需要精心考量。崔少相亲手裁剪、缝制，一次次地穿上试验，哪怕被粗糙的材料磨破了皮肤，他也毫不在意。经过漫长的摸索和反复改进，崔少相终于成功研制出了轻便、灵活且防护性能优良的屏蔽服。

崔少相开展等电位作业试验前
检查金属笼是否安全

1958 年 12 月 24 日，崔少相迎来了他职业生涯中的第一次带电作业。在众人紧张的目光中，他穿上屏蔽服，进入由他带头研发的金属笼，登上了高 20 多米的高压铁塔。电流在他身边嗡嗡作响，每一个动作都需要极度的谨慎和精准。

经过近一个小时的紧张作业，崔少相成功完成了带电检修任务，开创了山东省带电作业的先河。从那以后，带电作业在山东逐渐推广开来，大大提高了电力供应的可靠性和稳定性。

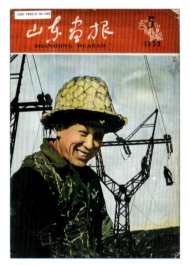

崔少相登上《山东画报》封面

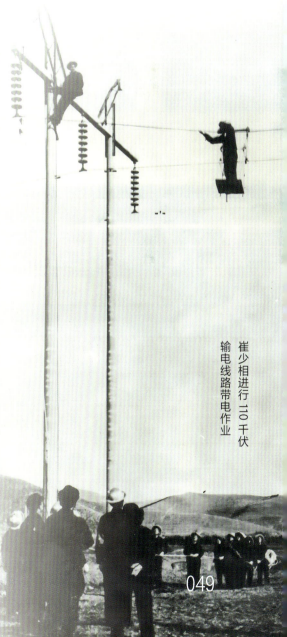

崔少相进行 110 千伏
输电线路带电作业

电力芳华　谱写巾帼华章

如果说崔少相是济南电网带电作业的开拓者，那么济南"三八"女子带电班则是这一领域的一道亮丽风景线。

20世纪70年代，毛主席"时代不同了，男女都一样，男同志能干的，女同志一样能干"的号召，点亮了济南供电局"三八"女子带电班的光辉起点。

1975年11月，济南供电局正式成立"三八"女子带电班，由术传珍担任第一任班长。成立之初，资源匮乏、技术有限，女子带电班面临着重重困难。但她们没有被吓倒，凭借着坚定的信念和顽强的毅力，一步步地摸索前行。

有人说，女人怎么能从事这么危险的工作？这项高危、大耗能、野外作业项目，有些男同志都望而却步，对女电工本身就是极大的考验。

为了掌握带电作业技术，她们付出了常人难以想象的努力。每天进行高强度的体能训练，反复练习登杆、接线等基本动作，哪怕累得腰酸背痛也从不叫苦叫累，直至手上磨出老茧，身上布满了伤痕。

就这样，"三八"女子带电班的14名姑娘，凭着顽强的毅力和不服输的拼搏精神，克服身体和心理的双重压力，穿上重重的屏蔽服，踩着尼龙软梯，爬上高压铁塔，开展带电作业。

电力工作不分春夏秋冬，任务一来，就是执行和出发。酷热的夏天，她们穿着密不透风的屏蔽服在40多摄氏度的高温下一干就是个把小时。每次下来，整个人就像是从水里捞出来的一样，连鞋里都能倒出水。

"电花闪闪红，弧光飞流星，英姿飒爽女电工，壮志凌云震长空……"这是当年"三八"女子带电班每个

"三八"女子带电班开展班会

"三八"女子带电班
开展师傅教学

"三八"女子带电班更换220千伏莱党
线耐张杆塔单片绝缘子

"三八"女子带电班
在 220 千伏莱党线带电修补导线

"三八"女子带电班
在高压线上进行带电作业

人都耳熟能详的旋律。铁塔银线的倒影里，诗一样的花样年华，她们不爱红妆爱工装，不喜娇花弱柳，最爱线上无限风光。"三八"女子带电班的故事一度传为佳话，激励了一代代电力工作者。

薪火传承　续写光明新篇

时光荏苒，初心如磐；红色基因，电力传承。经过几代电力人的传承和发展，崔少相的带电作业技术已经成为济南电网的一项核心技术。而"三八"女子带电班的勇敢和坚韧，也激励着越来越多的青年人投身到电力事业中。

随着电网的持续优化升级，带电作业技术不断创新。更新的是科学技术，不变的是精神传承。无论是崔少相，

国网济南供电公司以"微网"复合发电作业方式对 10 千伏龙洞线开展带电检修

还是当年的"三八"女子带电班，还是如今的济南电力人，始终践行"不停电就是最好的服务"理念，守护光明，传递温暖。

如今，济南带电作业人更是奋勇登攀，取得了令人瞩目的成就：率先在国网范围内、省内首次开展"微网"复合发电作业与绝缘斗内短杆作业，开辟了不停电作业科技新领域；创新研发绝缘杆作业法速接引流线固定器、配电架空线路无人化带电作业平台及系列装置等一系列新型工器具，开创性提出"高空无人化、地面无车化"的带电作业新理念，开启了无人化带电作业技术的新篇章。

2024 年 7 月 12 日，国网济南供电公司带电作业中心在 10 千伏美城线开展国家电网公司系统首次无人化带电作业，成功验证了创新成果"配电架空线路无人化带电作业平台及系列装置"在实战应用中的可行性和可靠性。

从一副脚扣到一辆绝缘斗臂车，从引进装备到自主研发，从一间小屋到一座智能化、标准化工器具库房，从一堆工作本到一套 PMS 系统，每一步前行的脚印都深深铭刻着济南带电作业人的不懈努力与执着追求，每一次的跨越都凝聚着他们的智慧与汗水。他们在时代的浪潮中奋勇前行，在困难与挑战面前毫不退缩，用坚韧和创新书写着属于济南带电作业的荣耀篇章。

能源保障和安全事关国计民生，是须臾不可忽视的"国之大者"。国网济南供电公司始终把电力保供作为首要责任，供电可靠率达到 99.99%，配网不停电作业指数达 100%。2023 年，国网济南供电公司通过带电作业多供电量 765.1 万千瓦时，累计减少停电时户数 28.1 万时户，以实际行动守牢了光明防线，为加快建设"强新优富美高"新时代社会主义现代化强省会提供可靠可信赖的能源供应。

葛剑飞 摄

国网济南供电公司开展国家电网有限公司
系统内首次无人化带电作业

陈彬 摄

国网济南供电公司为新旧动能转换起步区重点项目接火送电

在济南这片古老而充满活力的土地上，济南电网的发展见证了城市的变迁。从灯火阑珊到华灯齐放，从传统工业到现代化产业的崛起，电力始终是推动城市发展的强大动力。而崔少相和济南"三八"女子带电班的事迹，就像这座城市电力发展历史中的璀璨明珠，永远闪耀着光芒。高达数百米的铁塔上，一代代电力人，薪火相传，用责任和坚守，点亮万家灯火。

张志源 张治林 吕锦绣 文

何延海 摄

济南市 CBD 中央商务区夜景

光耀青岛

中国帆船之都　　世界啤酒之城

国家历史文化名城　中国品牌之都

计划单列市、副省级市

◉ 有人说，海滨城市千千万，唯独青岛无可替代

◉ 青岛，别称岛城、琴岛、胶澳，地处中国华东地区、山东半岛东南，东濒黄海，是山东省经济中心、国家重要的现代海洋产业发展先行区、东北亚国际航运枢纽、海上体育运动基地，"一带一路"新亚欧大陆桥经济走廊主要节点城市和海上合作战略支点

青岛前海一线风光

杨文昌 摄

055

城市印象

■ **五四广场**

百年胶澳 近代风云

五四风雷 时代精神

■ **奥帆中心**

北京奥运会奥帆赛比赛场地

全国唯一"国家滨海旅游休闲示范区"

■ **啤酒节**

亚洲最大的啤酒盛会

■ **崂山**

海上第一名山

青岛市下辖：

| 七区 | 市南 ｜ 市北 ｜ 李沧 ｜ 崂山 ｜ 西海岸新区 ｜ 城阳 ｜ 即墨 | 三市 | 胶州 ｜ 平度 ｜ 莱西 |

全市总面积

11293 平方千米

2023 年末全市总人口

1037.15 万人

2023 年 GDP

15760.34 亿元

五四广场及"五月的风"雕像

浮山湾畔奥帆中心

杨文昌 摄

杨文昌 摄

盛金钏 摄

西海岸新区啤酒节现场盛况

张经纬 摄

"海上仙山"崂山风光

奋进之路

1898 年

山东第一盏电灯在胶州湾畔亮起。

1935 年

四方发电所正式投运发电，成为中华人民共和国成立前山东省内最大的发电厂。

1949 年

青岛电厂在地下党组织和电厂工人的护厂斗争中完好无损地回到了人民怀抱。

1975 年

青岛首座 220 千伏变电站——黄埠变电站建成投运。

2003 年

青岛首座风力发电厂并网发电，拉开了青岛电网新能源发展的序幕。

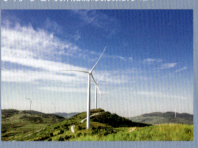

2000 年

青岛电网首座 500 千伏变电站——崂山变电站建成投运，标志着青岛电网进入"大机组、大容量、高电压"时代。

1995 年

青岛市全市实现"户户通电"。

1990 年

220 千伏虎山变电站、胶州变电站建成投运，青岛电网形成了以 110 千伏直供线路为电源中心的城市供电网络。

2010 年

国内首座 220 千伏数字化变电站——午山变电站建成投运。

2011 年

世界首条 ±660 千伏直流输电线路——银东直流与青岛电网联网。

2012 年

国内首个居民分布式光伏在青岛并网。

2024 年

建成省内首座 220 千伏在运站原址上新建的 500 千伏变电站、省内首座全户内 500 千伏变电站——岛城站。

2019 年

完成海军成立 70 周年多国海军活动保电。

2018 年

完成上海合作组织青岛峰会保电。

电等发展

国网青岛供电公司担负着青岛市七区（市南、市北、李沧、崂山、西海岸新区、城阳、即墨）、三市（胶州、平度、莱西）供用电服务。

- 供电面积 **1.13** 万平方千米
- 服务 **600** 万户用电客户

青岛电网位于山东电网东部，以 ±660 千伏直流、500 千伏交流输电为主要走廊，以 220 千伏、110 千伏输电为主网架。

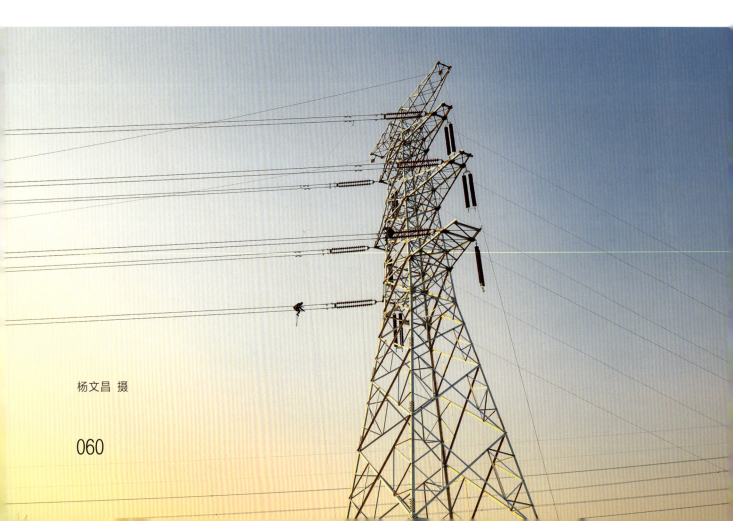

杨文昌 摄

060

截至 2024 年 6 月，青岛电网有公用变电站 **393** 座

±660 千伏换流站
1 座

7 座
500 千伏变电站

35~220 千伏变电站
385 座

输电线路 **844** 条（其中 ±660 千伏直流线路 1 条、500 千伏线路 28 条、35~220 千伏线路 815 条）

全市公用 10 千伏配电线路 **3517** 条、配电变压器 **38736** 台

网内统调公用电厂装机容量 **434.1** 万千瓦

李彦君 摄

061

杨文昌 摄

"电管家"包保重大项目

- 建立省、市重点项目"电管家"一对一包保服务机制。
- 举办青岛市电力大客户恳谈会,畅通客户沟通服务渠道。
- 超前做好供电方案制定、配套工程建设,实现项目"入驻即接电"。
- 报装接电户数、容量、效率均保持全省第一。

"电保姆"服务社会民生

- 深化政企网格"共建共治共享"融合服务,完成全市网格经理与政府网格员对接。
- 高质量打造即墨古城网格融合示范点,连续两年获评国网助力乡村振兴示范村。
- 加强非直供小区用电安全管理,开展老旧小区电力改造。

"电小二"响应客户诉求

- 开展客户线上服务负面感知辨识分析,试点应用微信群智能服务助手,优化敏感工单提级管控机制,缩短线上诉求响应时长。
- 推动营业厅智能化升级,加强营业窗口智能管控平台应用,拓展无证明办电等"政务 + 电力"场景,以"智能化服务"赋能服务质效。

"电博士"服务新能源和电动汽车发展

- 探索"整村开发、集中汇流、升压并网"等分布式光伏开发模式。
- 试点"光伏 + 制氢"配储方案,保障集中式新能源项目并网。
- 政企协同科学规划县乡村三级充电设施布局,探索集中式充电站"统建统营"模式,实现全市 36 座乡镇公共充电站全覆盖。

盛金钊 摄

梁青 摄

盛金钊 摄

创新创效成果丰硕

- 实施创新"千万奖励"方案，连续六年 9 获省部级科技奖，全省最多。

- 打造"五维创新登高"体系，建成职工创新创效基地，获评山东省全员创新企业。

- 加快新兴业务布局升级，打造城市级虚拟电厂平台、碳综合服务平台，助力青岛现代产业链绿色低碳转型升级。

国网青岛供电公司青年员工在职工创新创效基地开展无人机搭载设备研究工作

杨文昌 摄

张经纬 摄

国内首条"5G+ 北斗"融合定位电缆隧道

中德生态园多能互补综合能源示范工程

杨文昌 摄

动车小镇红建集团迁改跨青盐铁路及青蓝铁路部分施工现场

张经纬 摄

配电网规建运一体化管控典型工程——10千伏崔南甲线、崔南乙线线路新建工程

国网青岛供电公司薛家岛车网
互动示范站

青岛市即墨区北芦村风力发电
机组并网发电

■ 规划引领推动电网升级

- 动态开展电网规划评审优化，形成电网规划项目库及远期储备项目库。
- 研究以开关站、土建站等方式，提前预留重要变电站站址和廊道资源。
- 明确主城区 35 千伏电网发展演进路线，落地 35 千伏电网设备升压退运典型案例。

■ 提升配电网发展质效

- 深化配电网规建运一体化管控工作专班运转，推进配电网工程标准化建设。
- 深入推进"百乡千村"示范工程，全口径低压用户电压合格率提升至 98%。

■ 积极服务绿色低碳转型

- 完成海上风电发展布局研究，深化"清风暖阳"专项行动，推动 HG37 海上光伏等项目并网发电。
- 推广集中式充电基础设施，建成 34 个乡镇公共充电站，实现乡镇全覆盖。
- 高质量打造薛家岛车网互动示范站，车网互动规模突破 1.5 万千瓦。

南京路上"女八连"

中华人民共和国成立前夕,中国人民解放军上海警备区特务团三营第八连进驻上海市南京路,负责警卫任务。这支队伍身居闹市一尘不染,始终保持艰苦奋斗优良传统,全心全意为人民服务。1963年,中华人民共和国国防部授予该连"南京路上好八连"的光荣称号,该连也成为全国人民争相学习的榜样。

在山东省青岛市的南京路上,也有这样一支守护岛城光明的"女八连"——国网青岛供电公司变电运维中心南区变电集控站。该班组负责青岛市南区、市北区等核心城区49座变电站的运维监控任务,承担着奥帆中心、沿海一线等重要客户的变电运维工作。35年来,五任女班长薪火相传,带领南区变电集控站高标准完成北京奥运会帆船比赛、APEC国际会议、上合组织青岛峰会、海军成立七十周年多国海军活动、跨国公司领导人峰会等重大活动保电任务,为保障青岛电网安全稳定运行和推动设备智能运维水平提升作出了重要贡献。

栉风沐雨 "女八连"追光的 35 年

如果说电缆、架空线是电网系统的"血管",那么变电站就相当于电网系统里的"心脏",负责将高电压进行分级降压,把电能输送给千家万户。

青岛是沿海重要中心城市和国际性港口城市,且第三产业发达。其中,市南区是青岛市的中心城区,市北区是青岛市的重要商务区,而南区变电集控站正处于市南、市北两区分界处。中心城区和商务区的用电需求高,居民用电和商业用电负荷波动大,因此对变电站的可靠性和稳定性提出了更高的要求。

南区变电集控站的驻地位于 220 千伏南京路变电站，该变电站于 1989 年建成投运，是当时省内容量最大的 220 千伏变电站，也是山东首座女子班组值守的 220 千伏变电站。刚建成时，变电站内采用驻站值守模式，17 名运维人员全部为女性，分三值，"上一休二"。2001 年，以南京路站女值班员为主要班底的女子操作三队成立。18 人管辖 7 座变电站，同年新增 3 座变电站，青岛电网发展开始提速。2010 年，女子操作三队管辖变电站数量增至 33 座，开始执行"3+N"值守模式。2012 年，该操作队更名为变电运维三班，伴随青岛城市建设的扩展，变电运维三班负责的设备数量进一步增加，到 2020 年时已管辖 40 座变电站。

2021 年，南区变电集控站成立。历经三年发展，南区变电集控站形成了一支由 25 人组成的坚强队伍，负责辖区内 49 座变电站的运维和监控业务。从最初 17 人管辖运维 1 座变电站到 25 人管辖运维 49 座变电站，南区变电集控站运维工作实现了 34 倍的效率提升，人均管辖变电站数量全国领先。从室外敞开式到室内 GIS 设备，从室内敞开式设备到小型化开关柜、充气柜，从传统的集成电路保护到智能微机保护，应用智能巡视和一键顺控技术……智能化设备和技术的不断升级，管理水平的逐步提高，不断提升着变电运维工作的质效。

身处闹市、心守净土，南区变电集控站的成员们见证了岛城的发展变迁。这支当代"女八连"，默默地穿梭在岛城核心区的红墙绿瓦间。在清晨，在夜晚，呵护着城市的万家灯火，践行着"人民电业为人民"的承诺。

2001年南京路变电站内工作场景

2002年南京路变电站全貌

披星戴月　五任女子班长薪火相传

火车跑得快，全靠车头带。南京路站班组第一任班长刘世荣带领 17 名女值班员打响了全省唯一一个女子操作队的名号，为班组文化建设和变电站管理打下了坚实的基础。第二任班长陈璐对变电站管理进行信息化改造。第三任班长周君带领班组开展变电站精细管理，加强数字手段应用。第四任班长佘星星带领班组探索变电站智能运维。第五任班长孙晓兰带领班组在创新驱动发展、数字智能建设方面更进一步。35 年间，班长换了五任，优良作风薪火相传。她们领衔了变电运维专业的发展，更见证了电网向智能化发展的历史变迁。

第一任班长刘世荣（中）及同事

国网青岛供电公司变电运维中心主任周君

这个以女性员工为主要力量的团队，严谨细致、精益求精的团队作风始终在积累传承。为了把变电设备发生故障的概率降到最低，团队成员 365 天如一日，每天进行巡检，时刻准备响应。每任队长都有着共同的特点：严谨细致，敢打敢拼，能扛事。

周君是第三任班长，她说："刚入职的时候，变电站的老师傅手把手教倒闸操作。我每天都提起十二分的精神，拿着小本子紧跟在后面，不放过操作过程中的每个细节。看着老师傅跟机械打交道非常消耗体力，但大家从不喊累，艰苦奋斗、一丝不苟，就连卫生标准都很高。"这个外表帅气的青岛姑娘，做起事情来从容洒脱。成长为变电运维中心主任后，周君依然保留着遇上突发情况以身作则，第一时间赶赴现场的习惯。

2018 年，上合组织青岛峰会保电期间，1.4 万电力铁军驰援青岛，史上前所未有，这是山东电力历史上级别最高、标准最严的政治保电任务。国网明确"全网保华北、华北保山东、山东保青岛、青岛保核心"原则，直接把变电运维三班纳入核心区域，"女八连"被推上了保电的中央舞台。

烟火璀璨的背后，这支"女八连"经历了最严峻的考验：负责 9 座特级变电站、9 座一级保电变电站、3

座二级保电变电站的保电工作。整个班组在 100 余天内完成了 15 台主变增容更换，18 条 10 千伏母线、16 条 35 千伏母线设备更换，完成了 7 轮 165 站次的设备带电检测和隐患排查消缺以及 21 座保电变电站的综合检修。

上合组织青岛峰会保电期间，为了高标准完成繁重的保电任务，她们不知熬了多少个夜。

追求创新，也是这支队伍的特质。"守正，才能创新。"这是现任南区变电集控站站长孙晓兰的座右铭。"立足岗位、脚踏实地、潜心钻研，只有不断积累，对这个专业的理解才能达到比较深的造诣，才能融会贯通。"她说。孙晓兰带领班组成员，聚焦工作现场实际需求，创新研制了开关柜顶专用的安全遮拦，并逐步在现场工作中推广使用，提高了安全措施布置效率；相关成果《开关柜顶遮拦的研制》在第 48 届国际质量管理小组会议中也获得国际评委高度认可，斩获金奖。孙晓兰带领团队研发的各项创新成果获得国家级奖励 4 次、省级奖励 3 次、国家授权专利 5 项。"细致，周到，有韧劲"，是她身上公认的标签。

南区变电集控站现任站长——孙晓兰

2018 年在 220 千伏南京路变电站召开上合组织青岛峰会保电誓师大会

徐可 摄

砥砺前行　3个十年"繁星璀璨"

南区变电集控站的三十多年发展史可以分为三个阶段：第一个十年开疆扩土，220千伏南京路变电站在荒芜中建成，后期逐步开展无人值守改造，班组艰苦奋斗、执着坚守的品质逐渐养成；第二个十年越发成熟，班组成员勇挑重担、不辱使命，圆满完成北京奥运会帆船比赛保电等重点任务；第三个十年不断探索，团队精益管理，发扬创新精神，经历多次重大活动洗礼，造就了一支"能作战、战必胜"的变电专业王牌军。三十多年来，从南京路站到南区变电集控站，一批批优秀的员工为保障青岛电网安全稳定运行作出了重要贡献。

班组昂扬向上的氛围会促使每个到来的新员工内心产生创新争先的动力，有意识地自我加压。2000年以前，班组人员以高中、初中、中专学历为主，虽整体文化水平不足，但也走出了一批像班长刘世荣这样的劳模工匠、技术大咖。如今的南区变电集控站团队，平均年龄37岁，拥有35岁以下青年员工16名，其中14人是研究生学历，"双一流"高校毕业生比比皆是。走进这里的高学历人才"眼高手更高"，在追求卓越的道路上你追我赶，涌现出一批荣获"中国好人""中央企业劳动模范""山东省劳动模范"等荣誉的先进个人。比如班组代理副站长杨健，在2021年国网变电运维青年骨干技能过关考试中从27省334名学员中脱颖而出，以总排名第一的成绩被评为"优秀学员"；在第十三届全国电力行业职业技能竞赛（变配电运行值班员）中，获得全国个人第二的好成绩，并被授予"全国技术能手"。南区变电集控站的成员好似"满天繁星"，用知识为电网赋能；班组还以"家"文化为纽带，营造团结和谐友爱的班组氛围，让员工在这里发光发热，在平凡的岗位上创造出不平凡的业绩。

南区变电集控站是国网青岛供电公司的一个班组标杆，先后获评"全国五一巾帼标兵岗""安全管理标准化示范班组""国家电网有限公司工人先锋号"等50余项集体荣誉。220千伏南京路变电站三楼走廊两侧，有一组"系列班组历史文化墙"，以家谱的形式记录着班组历史上的荣耀。集控站内的员工每天从这里经过，铭记班组的发展历程，以此为荣。

"艰苦奋斗、团结友爱、全心全意为人民服务"是历史上"南京路上好八连"带给我们的宝贵精神财富，当代青岛南京路上的"女八连"也继承了同样的特质。南区变电集控站以精益求精的匠心，披星戴月跬步千里的朴实作风，自励自驱永争第一的探索精神，成长为气质独特、敢打敢拼的优秀团队，编织起电力保供坚实的防线。不畏苦累，是这支"女八连"职责与使命的深情承载；奋进争先，是这支"女八连"向着"努力超越、追求卓越"而全力以赴的青春誓言！

张经纬　李晓燕　文

梁青 摄

南区变电集控站工作人员开展站内巡视工作

杨文昌 摄

220千伏南京路变电站全景

光耀淄博

齐国故都　　琉璃之乡

足球故里

现代化组群式城市

工业名城

淄博文化中心全景图

焦学军 摄

- 这里是 **江北瓷都**

  一炉千年不息的窑火，煅烧着雍容万千的琉风陶韵

- 这里是 **齐文化发祥地**

  一缕淄水泱泱的齐风，孔子在齐闻韶，三月不知肉味

- 这里是 **足球起源地**

  一粒穿越千年的蹴鞠，时空中走来，让世界为之倾倒

- 这里是 **焦裕禄的家乡**

  一篇《县委书记的榜样》，诠释着"一切为了人民"的精神

这里还是闻名全国的老工业基地城市

自 1906 年有电以来，电便给这里带来了光明。随着中华人民共和国成立，电更绽放出强劲动能，推动着经济社会发展，点亮着人民美好生活，向世人呈现着一座活力迸射、灯火璀璨的"强富美优"现代化城市。

淄博

天开海岱　央居齐鲁

薪火相承的文明，早已深入城市肌理
一代代匠心坚守，淬炼出时代无限美好
电力加持的加速度奔跑，向世界展现不息的东方韵脉
淄博，自信而来！

光耀鲁中　电力赋能

承载着民生美好期望，跳动着高质量发展脉搏
条条银线蜿蜒青山绿水之间，磅礴电能引入千家万户
以电流为笔，绘出奋进画卷上的光辉印记
电网，担当而来！

淄博市位于山东省中部，是具有地方立法权的"较大的市"。辖张店、淄川、博山、周村、临淄 5 个区，桓台、高青、沂源 3 个县和淄博高新技术产业开发区、淄博经济开发区、文昌湖省级旅游度假区。

■ 面积
总面积 **5965** 平方千米

■ 人口（2023 年末）
常住人口约 **467.4** 万人

■ 地貌
一半山川，一半平原

■ GDP 总量（2023 年）
实现 **4561.8** 亿元，全省第 **7**

■ 工业经济
全国 41 个工业行业大类中
40 个工业大类在淄博实现规模化发展
90 多种产品产销量全国前三
被命名"**新材料名都**""**中国膜谷**"

淄博新区鸟瞰图

淄博电网概况

● 35 千伏及以上变电站 **205** 座

● 35 千伏及以上输电线路 **4475** 千米

● 变电容量 **2551.49** 万千伏安

● 10 千伏及以下配网线路 **18582** 千米

服务 **243** 万用电客户，覆盖全市所有居民用电

2024 年 1—6 月

售电量 **159.63** 亿千瓦时　全社会用电量 **210.3** 亿千瓦时

同比增长 **8.02**%　　　　同比增长 **0.73**%

奋进之路

1906

淄川煤矿所投运 25 千瓦柴油发电机组，开启了淄博有电的历史

1950

鲁中电业局淄博营业所（国网淄博供电公司前身）成立

1957

110 千伏神（头）—济（南）输电线路建成投产，成为山东电网的起源

1960

淄博电力职工张克京发明了世界上第一双铁鞋

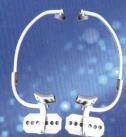

1967

电网规模达到全省最大，南到沂蒙山，北到渤海边，横跨两个省，送电范围达 32 个县

1972

淄博魏家庄变电站扩建升级为全省第一座 220 千伏变电站

1987

淄博市成为全省第一个"村村通电"的市

1995

第一座 500 千伏变电站——淄博变电站投运

2002

实施"善小"道德教育实践活动

2012

"善小"活动十周年之际，相关做法在全省系统推广

2021

推行客户"用电全生命周期"服务

2024

彰显"央企担当"，实现95598"零投诉"三周年

淄博金融中心夜景

电等发展

初心如磐担使命

党的二十大擘画出以中国式现代化全面推进中华民族伟大复兴的宏伟蓝图
淄博电力人时刻不忘**"国之大者""人民至上"**
始终秉承**"人民电业为人民"**的使命担当，全力服务党和国家发展大局
以新担当、新作为、新业绩，为建设**"强富美优"**新淄博谱写更加绚丽的华章

■ 淄博市 **"强富美优"** 城市愿景

建设 **"实力强、群众富、城市美、生态优"** 新淄博

以 **"实力强"**
奠定物质基础

以 **"城市美"**
彰显美好追求

以 **"群众富"**
体现价值取向

以 **"生态优"**
引领要素融通

奋楫争先立潮头

■ 国网淄博供电公司　电靓"强富美优"现代化新淄博十项举措

2024年，国网淄博供电公司创新推出电靓"强富美优"现代化新淄博"十项举措"，全力为新时代社会主义现代化强市建设提供坚强保障。

1　主动服务开放招商
积极服务经济增长

2　靠前保障重大项目
打造一流营商环境

3　精准落实惠企政策
助力企业降本增效

4　拓展政企服务场景
持续提升办电体验

5　着眼群众急难愁盼
高效响应客户诉求

6　简化充电报装流程
满足绿色出行需求

7　用心电靓和美乡村
积极助力乡村振兴

8　先行一步建强电网
推动能源绿色转型

9　筑牢电网安全防线
全力保障电力供应

10　助力数字强市建设
电力赋能产业发展

淄博新区夜景

4 条特高压过境，"**外电入淄**"能力达到 **800** 万千瓦

9 个电源点、**204** 座变电站为淄博高质量发展提供强劲动能

10 千伏配电线路全部自动化实现供电质量全省前列

全国首个客户用电"全周期服务"让重大项目"**入驻即送电**"

"三省""三零"服务惠及

1.9 万客户降本增效

走访主力电厂筑牢电力可靠供应基础

远德亮 摄

惠 淄博 服务群众 富

"四进送服务"
走访客户
103.3 万户次

"高效办成一件事"
实现电力业务 "刷脸办"
"一证办" "一网通办" 全覆盖

"24 小时电管家"
服务群众用电
更高效、更便捷

"充电桩报装一件事"
满足
绿色出行需求

远德亮 摄

全部供电营业窗口
实现 "电水气暖信" 联合报装

出台农田输配电项目管理政策
保障农业生产

王凌云 摄

远德亮 摄

厚 淄博 助力城市 美

依托"善小"新时代文明基地
实现"善小"志愿服务常态化

护航"淄博烧烤"
守卫淄博荣光

25 个电力便民服务示范点
共建"文明和谐美丽"城市

"桩点美丽乡村、电靓美好生活"行动
实现充电桩乡镇全覆盖

曹桂彰 摄

杨超 摄

淄博新区鸟瞰图

燃 淄博 贡献生态 优

 283 万千瓦新能源装机容量
为城市发展注入绿色动能

 淄博市首个储能、全省最大
牧光互补项目推动城市低碳转型

 全省首个分布式光伏集约化调控"云平台"
服务整县分布式光伏开发

 全省首个能源大数据中心
服务能源、行业节能降碳

黄河流域"高承载力"双碳监测分析场景平台
推动黄河流域生态保护与高质量发展

电力员工巡视文昌湖库区配电线路

远德亮 摄

远德亮 摄

团结奋斗　卓越争先
登高向前　勇当排头

根植
"对企业的热爱"
争当起而行之的行动者

唯有热爱，可抵岁月漫长
只有热爱，才能全心全意付出

坚定
"对工作的执着"
争当攻坚克难的奋斗者

敢闯敢试，善作善成
坚信"万事有解"

远德亮 摄

远德亮 摄

星光不负赶路人，岁月眷顾奋斗者。

淄博电力人用砥砺前行、勇毅登攀的奋进足迹，不辞昼夜、风雨兼程的追梦身影，遵循着"求实、务实、扎实、真实"的作风，以**对企业的热爱、对工作的执着、执行上的主动、干就最优的标准**，形成了"上下同欲、政通人和、双向奔赴、朝气蓬勃"良好态势，全力以赴，光耀淄博。

发挥
"执行上的主动"
争当落实突破的先行者

没有等出来的辉煌
只有干出来的精彩

远德亮 摄

坚持
"干就最优的标准"
争当事争一流的领跑者

出手必出色，完成必完美

远德亮 摄

星河璀璨

向新的"老站" 向上的"铁鞋"

齐鲁大地，万物勃发。海岱之间，条条电力银线如长龙般延伸向远方。

沿着时光的隧道向前追溯，山东电力史上的一个个"第一"、一幕幕"率先"，就像标尺一样，度量着发展的步伐，见证着历史的沧桑，绘就出一幅幅电网发展的壮阔画卷，成为一代代山东电力人热血沸腾的共同记忆，也成为山东电网最早的"见证者"。

山东电网第一站 不染华发尽青葱

在淄博市城北的高楼大厦之间，至今仍耸立着山东电网第一座220千伏变电站——位庄变电站，以饱经65年沧桑的目光，注视着身畔从荒野田园变成车水马龙。

淄博电网起步早，历史久，20世纪50年代就拥有多座大中型发电厂。为了支援济南发展用电需求，1957年2月，淄博建成山东省第一条110千伏线路——神济线（神头—济南），形成山东第一个跨地区电网——鲁中电网，这也成为山东电网的起源。

位庄变电站始建于1959年。随着全省用电负荷增长，1973年，位庄变电站改造升级为220千伏变电站，成为山东电网第一座220千伏变电站。同时拥有10千伏、35千伏、110千伏、220千伏四个电压等级，装有四台主变压器。在相当长的历史时期里，位庄变电站是山东西电东送、南电北送的重要枢纽，创造出众多先进经验。

1964年，还是110千伏的位庄变电站首次实现安全供电1000天，在当时人员专业知识和运维管理经验缺乏的情况下，这个纪录在全国来说实属来之不易。

历史资料

历史资料

逄增健 摄

历德昆 摄

　　升级为 220 千伏变电站初期，技术、管理几近空白，淄博电力工人通过实践摸索出了蜡烛测温、一日一次抽签考问、"一听二看三闻"判断设备状况等许多运行管理"土办法"，逐渐成为全国知名的变电站经验"输出地"，各地前来学习交流的络绎不绝。

　　突出的管理成就，也让许多国内先进技术在此落地试点：全省第一套高频保护在位庄站最先使用并推广开来；从多油断路器、少油断路器到六氟化硫断路器的转变在这里率先应用；继电保护也是先行先试，经历了电磁保护、整流保护、集成电路保护、微机保护的转变。可以说，在众多新技术、新工艺的应用上，位庄变电站始终领先一步。

　　其间，位庄变电站经历了 1981 年、1990 年、1996 年、2000 年等 6 次大规模改造升级，每一次都是脱胎换骨般的嬗变。

　　2011 年的一次改造，使它再次汇集了众人的目光，成为全省第一座智能化改造的 220 千伏变电站，运行着 2 台 18 万千伏安、2 台 15 万千伏安变压器，并像初建时那样，再次拥有了从 10 千伏至 220 千伏 4 个电压等级，跃身山东电网规模最大、技术最先进的 220 千伏变电站。

　　此后，这里又有了智能运维监控装置、智能机器人巡视等技术，变电站的通风、降温、除湿全部实现自动控制。这座在大多数人眼中的"老站"，不断焕发崭新面貌，为地方经济发展提供着源源不断的电能，守护着这座城市的万家灯火。

　　2020 年，位庄变电站内建成全省首批变电集控站；2021 年，全国首批通过新一代设备集中监控系统验收，并完成一键顺控、智能巡视改造。

　　如今的山东电网，特高压跨越湖海、翻越千山，绿色能源在蓝天白云和青山环抱中动力强劲，星罗棋布的站与线织成一张前所未有的超级网络，数字化、智能化等应用迎来能源互联网的高光时刻。岁月更迭，初心依旧。位庄变电站这座年轻的"老站"，也正继续用电流的脉动，见证着地方经济社会与卓越山东电力的高质量发展。

世界第一双铁鞋　创新驱动勇攀登

攀登是一种向上的姿态，也是一种追求的过程；攀登意味着体力的付出，更意味着意志的坚定；攀登不仅是登高的位置变化，更是创新境界的开拓。由淄博电力工人发明的世界上第一双铁鞋，就是攀登精神的一个电力传奇，沿用至今无可替代，见证着山东电力人 60 多年来的创造精神。

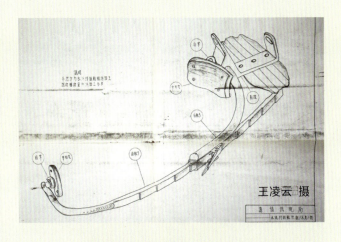

王凌云 摄

时间追溯到 1959 年 8 月 24 日，一场暴风雨造成淄博电网 35 千伏神南线、10 千伏六南线等数十基电杆倒杆。时任淄博供电所主任郑培民命令："克服一切困难，迅速抢修恢复供电。"当时 24 岁的青年员工张克京就在抢修队伍中，看到师傅们在雨中使用三角板爬杆，操作起来又慢又累，不小心滑下来就摔得鼻青脸肿，就萌生出一个想法："我要发明一种工具，让爬杆就像走平地一样。"

张克京的构想得到车间领导的支持，在物资异常贫乏的 20 世纪 50 年代，想有一条一米长的钢筋非常困难，领导特批张克京可以利用废旧钢材发明铁鞋。

从此，张克京一有空就琢磨，既要防滑还要实用，既能伸缩配合电杆下粗上细，还要把双手解放出来从事工作。通过一年时间的反复试验和改良，这些设想逐渐变成了由橡胶块、伸缩弯梁组成的"克京式铁鞋"。

为了结实，第一双铁鞋使用的是实心方钢，分量重，登杆不久脚腕子就酸了，同事们并不愿意使用。张克京又跑到当地的博山电机厂借了 2 米无缝钢管，又到炼钢厂的烘炉上加工成扁管，做出来的铁鞋小巧轻快、伸缩自如，大受同事欢迎。

王凌云 摄

1966 年，水利电力部在辽宁省鞍山市举办了全国带电作业经验交流大会，主要项目就是带电作业比武和表演。淄博供电所派出参赛小组，带上 5 双铁鞋参加了比武。当全国各地的参赛选手还在使用三角板一步一步往上爬时，他们已经凭借铁鞋成功登顶完成了项目。这双"铁鞋"立即引起全场轰动，没等比赛结束，其他省市的选手们就一拥而上，抓住铁鞋全抢走了。

　　1973 年，水利电力部又在北京举办了一次带电作业经验交流会，这时有的参赛队已经开始使用铁鞋，但不如淄博改良后的好用。淄博电力工人杨发福凭借铁鞋再次夺得比武第一名。

　　1974 年，水利电力部专门到淄博召开鉴定会，对铁鞋的安全性、便利性、承载力进行试验和鉴定，认为这是一项前所未有的发明。自此，"克京式铁鞋"一举成名，全面推广。从此，铁鞋也迈开了它从山东走向全国甚至世界的脚步。直到今天，全球无数电力、通信、市政等行业工人仍在借助铁鞋开展攀登作业。

钱宝森 摄

钱宝森 摄

再登高、走在前　接续奋斗新见证

一次次突破，一次次登高。平凡的岁月里，因为无数个这样的瞬间而变得不凡，无数个电力人的艰苦奋斗和担当奉献，汇聚成这个时代的灿烂风华。

在位庄变电站和"克京铁鞋"的见证下，淄博电力人正接续奋斗，续写一个又一个新的故事：国网淄博供电公司实现供电服务三年"零投诉"，建成国家电网有限公司系统首个变电站区域型智能巡视示范，取得供应链绿色数智发展示范基地国网唯一绿色、星级、零碳"三认证"。

唯有热爱可抵岁月漫长。因为"对企业的热爱"，国网淄博供电公司在位庄变电站建成"老变精神"宣讲阵地，经常性讨论"我能为公司做什么、我要为公司做什么"。对企业的热爱成为国网淄博供电公司蓬勃发展的深厚根基，创出了许多率先、领先，夺取了一个又一个胜利。2023年，"淄博烧烤"爆火，面对全国人民的热情关注和前所未有的供电服务保障压力，国网淄博供电公司第一时间召开电力保障部署会，加强海月龙宫、八大局等28个重点场所用电保障，圆满完成1600余项烧烤相关电力保障任务，淄博市委称赞"共同守卫了淄博的荣光"。

千锤百炼出好钢。因为"对工作的执着"，国网淄博供电公司倡导员工涵养"十年磨一剑"的韧劲、"一辈子办成一件事"的执着，全力做好本职工作。用"赛马"机制推动"千里马"竞相奔腾，高标准建成实训站，擂台比武、岗位比拼，累计培育高端人才56人，新员工国培优秀率、"双优"数量全省系统最多，竞赛调考总成绩连续两年全省系统第一，连续9年在淄博市高质量发展考核中获评"优秀"。

奋楫者先，创新者强。因为"执行上的主动"，国网淄博供电公司紧抓"登高先行年"行动契机，发扬"四实"作风，打造出多个在全省全国领先率先的高水平成果。建成国网新型供电电压管理示范区，全省系统内率先实现35千伏及以上线路逐基远程可视，为地方经济社会发展提供着强劲电能保障。构建从办电到用电"全周期服务"流程，三年来累计为420个招商项目、2.57万家用户提供"三省""三零"服务。创新推行每天早会"1+3"安全管控模式，由具体负责人讲案例、说风险、定措施，让讲的人有压力，听的人有收获，连续两年实现国家电网有限公司无违章示范班组、党员示范岗、先进个人"大满贯"。

向最高去对标，向最好去看齐。因为"干就最优的标准"，国网淄博供电公司在位庄变电站推行"设备主人制"措施，激励全员勇当事争一流的领跑者。如今，在淄博电网的每座变电站里，都有一块"设备主人公示牌"，时时提醒着设备主人"以站为家"，做"有责任心的明白人"。2024年以来，淄博公司2个班组获评国网全业务核心班组建设"标杆班组"，1个集体被授予"山东省青年安全生产示范岗"，获评电力行业安全生产示范单位，并被授予电力行业优秀电力企业。

不断扩展的年轮里，历史与当下交织交融。最早的"见证者"正不断被越来越多的最新"见证者"并肩、超越、替代，在书写着时代发展的同时，也描绘着更加美好的未来。

远德亮　文

徐可 摄

光耀潍坊

海岱绵延　　潍水奔腾
文化善地　　大成潍坊

世界风筝都　国际动力城　中国画都　蔬菜之乡

◎ **潍坊，是一个底蕴深厚的历史文化名城。**齐鲁文化、海洋文明和农耕文明在此交融。从大禹开九州到今天，潍坊在中国历史文化版图上一直占有重要地位。

◎ **潍坊，是一个全国知名的农业强市。**潍坊是中国农业产业化最早发源地，潍坊模式、诸城模式和寿光模式 三大农业发展模式享誉全国。

◎ **潍坊，是一个基础雄厚的产业大市。**工业门类齐全，联合国确定的 41 个工业大类中潍坊有 37 个，被媒体誉为"一座盛产隐形冠军的城市"。

◎ **潍坊，是一个安居乐业的幸福之城。**社会安定祥和，城乡治理有序，城乡居民收入比全省最低，群众满意度测评保持全省前列。

周浩 摄

襟连海岱，道承齐鲁

- 潍坊市地处山东半岛西部
- 辖 **4** 区、**6** 市、**2** 县和 **4** 个市属开发区
- 陆地面积 **16184.95** 平方千米
- 海域面积 **1288.78** 平方千米
- 2023 年末常住人口 **936.95** 万人

潍坊是山东半岛重要的区域性中心城市、环渤海重要海滨城市，海陆空交通体系发达，是山东半岛的交通枢纽。

潍坊夜景

李琳琳 摄

潍坊实力强劲，繁荣兴盛，在山东省目前发展格局中，可以概括为"四三二一"

4 经济体量　　**3** 存贷款余额　　**2** 工业规模　　**1** 农业发展水平

- 2023 年 GDP 达 **7606** 亿元，居我国大中城市第 **35** 位。2024 年第一季度，潍坊实现 GDP **1714.17** 亿元，同比增长 **6.4%**，总量稳居全省第四，增速高于全省 **0.4** 个百分点。

- 现代农业与先进制造业成为潍坊发展腾飞的"两翼"，"全国农业看山东、山东农业看潍坊"进一步叫响，"全国制造业看山东、山东制造业看潍坊"成为潍坊新的城市标签。

杨伟林 摄　　王磊 摄

奋进之路

1901年

德国人在坊子附近开凿煤井，安装5千瓦柴油发电机1台供井上照明，由此亮起了潍坊境内第一盏电灯。

1918年

马惠阶、马丹铭创办坊子电灯公司，安装2台蒸汽发电机供商号和居民照明，潍坊境内第一个发供营一体的电力企业由此诞生。

1938年

潍坊辖区内发电企业发展到了15处，发电设备20台，总容量1304.5千瓦。

2023年

潍坊新能源发电并网装机容量突破千万千瓦，达1002.6万千瓦。潍坊电网成为山东省首个新能源装机容量突破千万千瓦的地区电网。

2020年

潍坊电网全网负荷达1003万千瓦，成为全省首个也是全国非直辖市第10个突破1000万大关的地市公司。

2017年

榆横—潍坊1000千伏特高压工程，扎鲁特—青州±800千伏直流工程相继建成投运，潍坊电网迈入"特高压时代"。

1949 年

中华人民共和国成立前夕，坊子发电所发电设备容量达 4500 千瓦，实际发电出力已达 2930 千瓦，1949 年前的近 10 倍，有力地支援了全国的解放战争。

1975 年

潍坊地区第一座 220 千伏变电站——红卫站建成投运。同年，潍坊电网并入山东电网，结束了孤网运行的历史。

1984 年

潍坊电业独立设计、施工的第一个 220 千伏输变电工程——泉河输变电工程建成投运，创造了"当年施工、当年投产、当年受益"的全省纪录。

1993 年

潍坊地区实现村村通电。

2010 年

±660 千伏银东直流工程潍坊段竣工。

2005 年

220 千伏寒亭站建成投运，标志着潍坊电网在全省率先实现每个县（市、区）都有 220 千伏变电站的目标。

1995 年

潍坊在全省率先实现户户通电，提前一年完成目标。

电等发展

回望1949年

1948年4月　潍县解放,军管会接管电业后,组织抢修发供电设施,快速恢复了供电,发展生产,支援前方。彼时,潍坊地区供电变压器容量仅2350千伏安,送电线路最高电压为11伏,总长度14.75千米,设备陈旧。

1949年初　为解决潍县缺电问题,经华东工矿部批准,潍坊从淄博洪山电厂调来一台GEJ1500千瓦发电机。机器个大体重,搬运困难,干部职工与家属用绞磨、滚杠将设备从二十里堡火车站运到厂里,当天正是5月1日,机器被命名为"五一"号机组。

中华人民共和国成立前夕　坊子发电所发电设备总容量达4500千瓦,实际发电出力2175千瓦,是中华人民共和国成立前的3.63倍,1949年全年供电量达到288.3万千瓦时。

"五一"号机组到厂时的留影

1949 年后，在党的领导下，昌潍地区电业职工艰苦创业，电网建设不断加快。

1959 年　潍坊自行设计建设的第一座 35 千伏变电站——上虞河变电站建成投运。

1974 年　潍坊首座 110 千伏变电站——益都变电站建成投运。到 1974 年底，全地区共有 110 千伏变电站 1 座、35 千伏变电站 39 座，年用电量达到 1.97 亿千瓦时，是 1949 年的 68 倍。

2023 年全年　潍坊全社会用电量达 **760** 亿千瓦时，从百万到百亿，全社会用电量增长两万余倍。

电力人员顶风冒雪开展架线施工　　　　　　潍坊第一座 220 千伏变电站建设施工场景

101

王一珺 摄

7600894.2 — 2023
69882234.45
6904855.57 — 2020
6430386.92
5805592
5362421.87
4938486
4549834 — 2015
4344867
4318060
4010062
3612976
3317709 — 2010
2948637
2632062
241098
2198426
1979470 — 2005
1664259
1424750
1192648
1059732
911772 — 2000
844151
731594
646996
666403
624486 — 1995
585937
532981
490305
480638
409964
362491 — 1990
346867
301498
262608
237735
197846 — 1985
186987
184371.6
172470.4
157791.1 — 1980
139494.8
124224.6
122800 — 1978

— 1975

35200
19700

2108 — 1957

288.3 — 1949

潍坊 1949—2023 年
全社会用电曲线图

（部分数据，单位：万千瓦时）

103

75^年

潍坊电网栉风沐雨，砥砺奋进，一步一步从小到大，由弱变强。

2024 年

2024 年是中华人民共和国成立 75 周年，也是实施"十四五"规划的关键一年。

如今，潍坊电网已发展成为全省规模最大的市域电网，**线路长度、变电容量均居全省第一。**

售电量全省首家、国网第 11 家突破 **600** 亿千瓦时，连续 **12** 年全省第一。

电网负荷全省率先突破千万千瓦，是地级市供电公司**全省首家、北方地区第 2 家、全国第 13 家。**

新能源发电并网装机容量突破千万千瓦，是**山东省首个**新能源装机容量突破千万千瓦的地区电网。

蒋玉梅 摄

张正杰 摄

2020 年开始，国网潍坊供电公司主动契合国家重大战略、融入潍坊发展大局，连续五年实施"一年一主题、一年一行动"。

2020

文明城市
电力先行

全面清理城区占道电力设施，全面排查并引导居民安装户用漏电保护器。专项行动实施后，潍坊中心城区的 **332** 处占道电力设施隐患全部消除，全市 **328** 万低压客户户用漏保安装率由 96.52% 提升至 **100%**。

2021

千村改造
乡村振兴

累计新建改造 10 千伏线路 **1648** 千米、低压线路 **4077** 千米，潍坊农村户均配变容量提升至 **3.1** 千伏安，在全省率先建成网架好、设备好、技术好、管理好、服务好的"五好"县域配电网。

2022

桩点潍坊
绿动乡村

累计建成投运公共充电站 **187** 座、充电桩 **1239** 台，乡镇公共充电站覆盖率达 **80%**，充电量连续三年实现翻番。

2023

电靓万企
护航发展

累计帮助省市县重点项目解决用电问题 **35** 项，完成送电 **73** 项，增供电量 **37.61** 亿千瓦时，获评潍坊市"一号改革工程"优化营商环境先进集体。

2024

清风暖阳
光照鸢都

2024 年上半年，全周期嵌入式服务 **15** 项新能源项目，新能源装机容量达到 **1119.8** 万千瓦，成为全省首家新能源装机容量突破 1100 万千瓦的地市。创立"光伏企业会客厅"面对面解决诉求 **16** 项。国网潍坊供电公司在潍坊发展大会绿色低碳高质量发展论坛上作主旨演讲。

钟健宁 摄　　　　　　　　　　　　　　　　　　　　　　　　　　　郭鹏 摄

从"五一"号机组出发
续写人民电业辉煌

无论我们走得多远，都不能忘记来时的路。回望山东电力的发展历程，最浓重磅礴的书写始于民心，最令人振奋的变化源自初心，一个个关于初心与信仰的动人故事，镌刻着那个时代的闪亮标注，传承着与时俱进而又一脉相承的铁军精神，更诠释着"人民电业为人民"的使命担当。

在潍坊电网，念兹在兹的不变初心也激励着一代代潍电人，排除万难搞建设，凝心聚力强电网，从中华人民共和国成立初期一穷二白，到全省率先实现"户户通电"，再到建成全省最大规模市域电网。75年不断求索、创新发展，潍坊电网从小到大、由弱变强，描绘出电网发展的壮美画卷，也书写着接续奋斗的不朽篇章。

"五一"号机组搬运场景复原图

回溯中华人民共和国成立初期，"人民电业为人民"是老一辈革命家对电力事业崇高而纯粹的期许，也是电力人始终秉持的初心。

1949 年，潍坊市全面恢复生产，缺电严重，上级从淄博给坊子发电所调配一套 1500 千瓦旧机组。这是台产于 1914 年的蒸汽轮式机组，风侵雨蚀，机组已锈迹斑斑。

尽管这样，坊子发电所仍然把它当作宝贝疙瘩，以最快速度运到了二十里堡火车站。但离坊子发电所还有 20 多里路，当时，没有任何起重运输设备，要搬运这个 10 吨重的庞然大物，在场所有人都束手无策。

再难，也要搬回来！立下愚公志，使出移山劲，全所 31 名职工和家属轮番上阵。地上用滚杠滚，前面用绞磨拖，后面用撬杠撬，一寸一寸地往前挪。"一二三、一二三"，整齐的劳动号子，响彻田野！

就这样，人拉肩扛，一步一挪，风餐露宿，早出晚归。20 多里路，他们整整走了 20 天，终于把机组运到了厂区。这一天，正是 1949 年 5 月 1 日，潍坊特别市政府（时称）把这台机组命名为"五一"号机组。

"五一"号机组也成为潍坊地区电力工业回到人民怀抱后正式投运的第一台大型机组。机组运行后，潍坊发电能力提升了 50%，有力支撑了人民群众生产生活用电，废弃的铁疙瘩变成了"香饽饽"。

创业艰难百战多。曾参加机组搬运的刘立胜老人回忆这段创业史，仍百感交集，"那时候，大家都没有'苦'的概念，说干就干，没有一个偷懒的，心齐得很。"当年"一步步、一寸寸"的奋进故事，写下了"人民电业为人民"的生动注脚。从这台红色机组出发，一代代供电人不忘初心，艰苦奋斗，让潍坊电网陆续有了首座、首条、首次。

1959 年，潍坊供电局（时称）自行设计建设的上虞河变电站建成投运。1975 年，潍坊首座 220 千伏变电站——红卫变电站（后更名为贾庄变电站）投产送电，结束了潍坊电网孤立运行的历史。1984 年 12 月，220 千伏泉河变电站以当年设计、当年施工、当年投运的惊人速度，创造了当时山东省 220 千伏变电站建设的奇迹。

在没有现代化装备的年代，他们用双脚踏遍潍坊大地，用双手实现电网大发展，胸怀"国之大者"，心系民生福祉，把电送进了千家万户。

时代发展向前，为民初心不改，在国网潍坊供电公司的史迹馆中，陈列着一盏马灯，见证着一段峥嵘岁月。

潍坊临朐县双龙西山村蛰居在沂蒙山区的偏僻一隅，20世纪90年代初期，15户村民在县地图上都找不到的村子里，过着几乎与世隔绝的生活，下山难、吃水难、种地难、用电更难。1990年前后，电网触角还没有完全伸向偏远山村，双龙西山村的村民们从未感受过现代电气生活所带来的便利与舒适，他们仍然使用老旧的马灯或煤油灯照明。

"那时候家里没有电灯，晚上一家人围坐在煤油灯前，靠唠嗑打发时间，不一会儿鼻子都呛得发黑。"年近85岁的村民于恒彬回忆起那个年代，仍然记忆犹新。

1993年12月的一天，电力施工队来到了这个小山村，运料、挖坑、立杆、架线，火热的施工场景打破了小山村往日的平静。

"一听通电就来劲，干起活来就忘记了累。"当时的施工队长于占明说。夜晚，施工队的一盏盏马灯，就像大山里闪烁的萤火虫，让人倍感温馨。

村民们热情高涨，纷纷来施工队当劳力。没有机械设备，所有施工全靠人力。就这样，16基线杆1200米线路2100米山路，他们足足干了22个昼夜。

12月29日9时18分，时任潍坊市市长王大海来到村里，在大家的簇拥下，走到新装的配电盘前，赶在过年前为小山村送上了电。村民们张灯结彩，比过年还要兴奋。自此，潍坊实现全市村村通电。

一基基立杆，一条条架线。纵有千难万险，纵使风雨兼程，通电"一户都不能少"，万家灯火是电力人最大的荣耀。如今，那盏见证山东电力发展的马灯仍然静静端坐在史迹馆的隔间中，闪烁着电力人初心不改、矢志为民的信仰之光，也照耀着潍坊电网踔厉奋发、砥砺前行的奋进之路。

通电只是起点。接下来，国网潍坊供电公司大力实施新一轮农网改造升级，全面完成小城镇电网建设、机井通电、户户通电三大攻坚任务，从"县县电气化"到"镇镇电气化""村村电气化"，市县配电网建设齐步"加速跑"。

2022年，两个"千村改造"工程圆满收官，国网潍坊供电公司共新建改造10千伏线路1648千米、低压线路4077千米，新增改造配电变压器956台，配电线路故障停运率、台区频繁停电发生率分别同比下降33%、74%。

从星星为伴、油灯照明的落后生活，到电力充裕、供应可靠的小康之路，人民电业为人民，澎湃的电力为乡村发展、百姓生活注入了新的动能，现代文明的希望之光也照亮了鸢都大地的每一个角落。

两个"千村改造"工程后潍坊青州郝家村美景

郑宝龙 摄

陈国亮 摄

与时俱进
续写奋斗篇章

进入新时代，电力已融入人民群众的衣食住行，覆盖社会发展的方方面面。作为全省传统的经济大市、用能大市，电网强不强、供电优不优、保障足不足，事关经济民生，更事关潍坊发展质量。

"近10年来，国网潍坊供电公司服务客户数量增长40%以上，达到425万户，接近全省的十分之一。"国网潍坊供电公司营销部负责人林勇说。如何服务好群众美好生活用电需求？坚强电网是最根本的保障。

从1973年潍坊电网第一座220千伏变电站开工建设，到2023年第50座220千伏变电站——三合变电站建成投运，五十年，五十站，一座座变电站拔地而起，潍坊电网变电容量跃居全省第一。从2017年榆横—潍坊1000千伏特高压交流输变电工程正式投入运行，到如今"三交三直"6项特高压工程穿境而过，一根根银线横贯鸢都大地，每年经潍坊落地向全省输送电量约320亿千瓦时，潍坊成为全省西电东送的"枢纽码头"。从2012年刷新电网建设竣工投产纪录，到2020年创出投产变电容量、输电线路长度全省双高纪录，再到2021年全省首家完成新一代配电自动化主站升级，潍坊电网一年一个目标，推动电网结构不断优化，电网智能化水平不断提升，逐步成长为全省规模最大的市域电网。

电网建设只有进行时，没有完成时。国网潍坊供电公司深刻领会"电力事业是党和人民的事业"，坚持"让电等发展、不让发展等电"，规划建设中心城区"6+2"输变电工程，计划新建 110 千伏变电站 6 座、220 千伏变电站 2 座，新建输电线路 78.91 千米、配电线路 43.52 千米，创出了全省城区电网集中开工规模的历史新高。截至目前，110 千伏变电站均建设完成，220 千伏马宿变电站也将于 2024 年建成投运。工程全部建成投运后，将为城区增加供电容量 171.6 万千伏安，整体供电能力提升 30%，形成"环网运行、相互支撑"的供电网络，供电可靠率提升至 99.991%，将会极大改善周边工厂企业和居民用户的用电体验，促进新动能持续释放，城市能级不断跃升。

人民感受是最好的见证。回首来路，从用上电，到用好电，再到不停电，切切实实的"获得感"已在人民脑海留下了温暖与感动相互交织的共同回忆。

75 年沧桑巨变，75 年灯火情深。一路走来，潍坊供电人砥砺奋进、实干先行，敢打敢拼、勇往直前，对初心的追逐，勾勒出电力发展的脚步，也标注着电力前行的轨迹。矗立田间的座座变压器、横穿田野的根根银线、用心点亮的盏盏明灯，照亮了人民美好生活的幸福道路，也诠释着"以人民为中心"的时代内涵。

孔渝英 摄

人民电业为人民，是坚如磐石的信念
是坚定有力的行动
更是一代代潍电人接续奋斗的
永恒坐标
……

庞琳 张昊东 王晓龙 文

光耀烟台

国际葡萄酒城　　苹果之都

鲁菜之乡

海上"丝绸之路"起点

114

创新进取
彰显着她的先锋品格

山情海韵
涵养着她的祥和浪漫

古今交融
勾勒出她的气度风骨

神奇纬度
孕育出她的鲜美多姿

宗杰 摄

116

仙境海岸　品重烟台

总面积

1.39 万平方千米

常住人口（2023 年末）

703.22 万人

现辖

5 个区

6 个县级市

6 个经济区和功能区

◉ 全国首批 14 个沿海开放城市

◉ "一带一路" 重点建设港口城市

◉ 山东新旧动能转换综合试验区 "三核" 城市之一

2023 年

实现地区生产总值	成为全国	成为山东省
10162 亿元	第 **25** 个 万亿级城市	第 **3** 个 万亿级城市

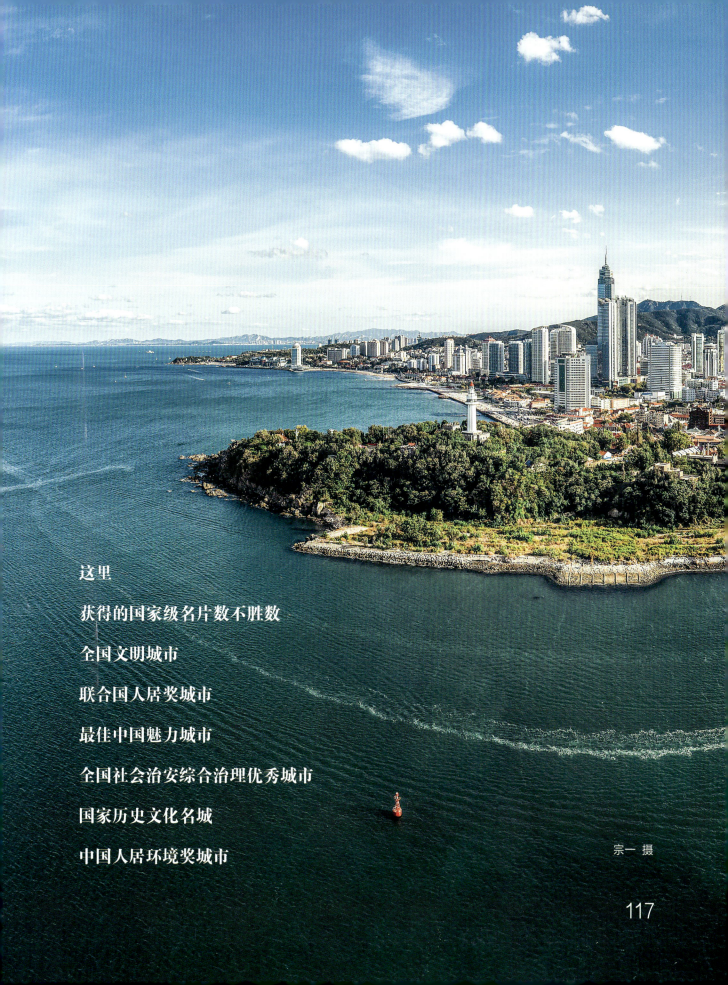

这里

获得的国家级名片数不胜数

全国文明城市

联合国人居奖城市

最佳中国魅力城市

全国社会治安综合治理优秀城市

国家历史文化名城

中国人居环境奖城市

宗一 摄

117

奋进之路

1982年

- 省内首条35千伏海底电缆——蓬莱至长岛35千伏海底电缆建成。

1980年

- 220千伏坊招联络线进行同期合闸，实现与山东电网联网。

1948年

- 烟台解放，胶东人民政府接管"烟台电灯公司"，改称"烟台电力公司"。

1905年

- 商人孙克选创办"烟台全埠华商电灯有限公司"，成为烟台有电的开端。

1981年

- 全国首个以集资方式建设经营的发电厂——龙口电厂举行开工、奠基典礼。

1998年

- 在全国电力系统首家推行供电服务"承诺制"。

118

2015年

● "长岛分布式发电及微电网接入控制工程"投运，成为国家电网公司首个通过验收的物联网示范工程。

2024年

● 构建高质量充电基础设施体系，实现公共充电设施乡镇全覆盖。

2004年

● 烟台市首座500千伏变电站——500千伏莱阳变电站投运。

2022年

● 首次提出"一年两对接"的工作理念，历时10年的220千伏黄务站、全地下110千伏建昌站先后建成投运，结束了中心城区23年未投新站的历史。

2012年

● 国家电网公司试点、烟台市首座智能变电站——220千伏芝罘变电站成功投产。

2020年

● 创新提出"一小两快"配电网运维抢修理念，配电网主线跳闸同比下降84.3%。

2023年

● 乐天110千伏输变电工程获评国家电网有限公司区域级智慧标杆工地。

宗一 摄

电等发展

姜蕴恒 摄

雄风激浪 电靓港城

经济发展 电力先行

加快向 **"大而强、大而优"** 提质升级

更好地支撑和服务新时代社会主义现代化强市建设

120

王晟伟 摄

为潍烟高铁牵引站供电的 220 千伏罗牵线

张维康 摄

110 千伏邱长线与大自然融为一体，为长岛源源不断地输入绿色电能

赵晨伟 摄

220 千伏光成变电站

2023 年，10 千伏线路联络率、N-1 通过率、绝缘化率同比 2022 年分别提升 **3.95**、**3.69**、**7.53** 个百分点。

户均配变容量达到 **2.95** 千伏安

烟台电网位于山东电网东北部

向西通过 **9** 条 500 千伏线路、**5** 条 220 千伏线路与青岛和潍坊电网相连

向东通过 **4** 条 500 千伏线路、**3** 条 220 千伏线路与威海电网相连

网内现有 500 千伏栖霞、莱阳等 **6** 座变电站以及海阳核电、八角电厂等 **7** 座统调电厂。

35 千伏及以上变电站 **320** 座	变电总容量 **3273.03** 万千伏安
35 千伏及以上输电线路 **686** 条	总长度 **9321.46** 千米
10 千伏配电网线路 **2332** 条	总长度 **26016.23** 千米

3.95 线路联络率

3.69 N-1 通过率

7.53 绝缘化率

能源转型　电能助推

打造绿色低碳
高质量发展示范城市

统筹好保供
和转型之间的关系

全力当好经济增长贡献者
能源转型引领者

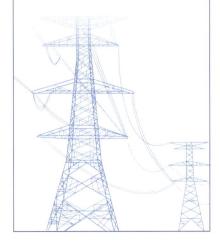

林颂斐　摄

张维康　摄

国网烟台供电公司工作人员正在山东半岛南 3 号海上风电场敷设海底电缆

张维康　摄

国网烟台供电公司工作人员正在莱州湾海上风电场敷设海底电缆

- 新能源装机容量达 **1187** 万千瓦，位列**全省第一**
- 乐天 110 千伏输变电工程获评国家电网公司区域级智慧标杆工地
- **全省首批试点**应用智慧数字云电网
- **全省首家**通过集控系统实用化验收
- **国网首座**新一代自主可控通信技术示范变电站
- 拓展长岛**"一岛一特色"**发展模式，新型电力系统六大示范基本建成
- 建成**全国首个**城市级虚拟电厂，获评国家电网有限公司源网荷储百佳工程

山东首座海上风电场——半岛南 3 号风电场并网发电，
实现海上风电"零突破"

张维康 摄

123

用心用情 服务为民

优质服务 电靓城市 **"名片"**

为 **390** 万企业居民提供

更贴心的电力服务

更满意的用电体验

一直是
国网烟台供电公司
不懈的追求

宁俊 摄

主动融入烟台**"高质量过万亿"**发展大局，与市直相关部门和全部**14**个县市区对接沟通

全省首个新能源汽车下乡服务站落户烟台

全省率先实现公共充电桩**"乡乡全覆盖"**

"电水气暖联办"率先接入**"爱山东"**App

姜蕴恒 摄

卢锦鹏 摄

星河璀璨

张维康 摄

蓝海绘蓝图　长岛电长明

　　在胶东、辽东半岛之间，黄渤海交汇处，有一群美丽的岛屿——烟台长岛，又名"庙岛群岛"。长岛由151个岛屿组成，其中10个有居民岛屿有"海上仙山"之美誉，曾是山东省唯一的海岛县。

　　对于海岛人来说，电的意义非同寻常。有了电就有了灯，有了灯就有了光，就有了指航的灯塔，迷途中照亮方向。半个多世纪以来，长岛供电逐步实现了"从无到有，从有到优"的跨越式发展，一代代电力人逐梦深蓝，电网建设时人拉肩扛，百姓需要时亲情服务，海缆施工时不惧风浪，用勤劳和智慧为海岛发展提供着澎湃动能。

▶ 从无电到有电　电力发展成为海岛变迁的时代坐标

　　"摇大橹啊，使大船啊，点着油灯过大年啊；不缺米啊，不缺面啊，渔家就是不通电呐。老也盼呀，小也盼，一盼盼他几十年，盼何时能通长明电，盼光明早进咱渔家院呀。盼盼盼，渔家早通长明电……"曾几何时，辽阔的渤海湾上，时常回荡着长岛老百姓传唱的渔家号子，通电成为几代海岛人的共同期盼。

　　1971年，长岛发电厂建成投运，一台600千瓦的柴油发电机开始分时段供电，结束了岛上无电的历史。后来，发电厂改为火力发电。

　　1982年，长岛提出"耕海牧渔"的发展政策，鼓励居民靠海吃海，向海洋要效益。随后，海产捕捞、海产品粗加工、栉孔扇贝养殖业蓬勃兴起。造船厂、修船厂用电量大，原有发电厂难以满足。而从岛外运输煤炭需要高昂的成本，扩建发电厂不如从蓬莱敷设海缆送电。

1999 年，农网改造创造了一次性敷设 83 千米海缆的纪录，解决了长岛北部 4 座岛屿不通网电的问题

孙培俭 摄

2008 年，国网烟台供电公司工作人员
跳入海中敷设 35 千伏长砣海缆

● 在"长明电"的加持下，科技养殖成为长岛发展的主基调。通过推广新技术，长岛将扇贝养殖拓展到 40 多米的深水大流海区，海参、鲍鱼人工室内控温育苗技术达到了国内领先水平，渔民从重体力劳动中解放出来，长岛成为山东省第一个小康县。

● 2003 年以来，长岛相继新建改造了 5 座 35 千伏及以上变电站，在岛岛实现双回路供电的基础上，还投运了智能微电网示范工程，跨越了近半个世纪，长岛电网发生了翻天覆地的变化。

● 而在当时，我国敷设海缆的经验很少。长岛政府到上海电缆厂请专家设计了 35 千伏海缆，用大驳船运了回来。长岛驻军专门派人帮助敷设。一听说要通"长明电"，岛上的居民自发到海边抬电缆，整齐的渔家号子响彻云霄，"咱们扛起电缆一个往外走哇，肩扛电缆咱们齐心协力上啊……"扛电缆的军民如一条长龙逶迤海滩之上，场面壮观，如同过节。

● 1982 年 10 月，35 千伏蓬长线投运，这是我国第一条输电海缆。电从蓬莱引到长岛，一条传递光明的海缆，让海岛居民告别了煤油灯，长岛历史翻开了崭新的一页。

● 经济发展，电力先行。1987 年，长岛至砣矶输电海缆、至西三岛配电海缆敷设，"渤海灯带"逐步点亮。1998 年，在全国首次农网改造过程中，山东电力架设北四岛海缆，10 座有居民岛屿全部通上了网电，北五岛依靠柴油机发电的历史一去不复返，光明洒遍了长岛诸岛。

● 网电为海岛发展带来了动力的同时，也为海岛居民带来了真正的实惠。未通网电之前，柴油价格每吨 1500 多元，到户电价 1.2 元 / 千瓦时，是网电价格的 2 倍，海缆投入运行后降至 0.65 元 / 千瓦时，全岛居民仅电费减少一大笔支出。

张维康 摄

127

"守岛人精神"代表王茂勇正在巡检
灯塔附近线路设备，确保船舶航行安全

张维康 摄

128

如今的长岛

拥有 1 座 110 千伏变电站、4 座 35 千伏变电站

10 千伏以上海底电缆总长度 | 占线路总长度
272.62 千米 | **59.6%** 以上

为了点亮海岛，一代代长岛电力人付出了无比艰辛的努力。从第一根海缆通到长山列岛，到如今所有居民岛屿全部通上了网电，长岛发展的背后，是无数电力人几十年如一日的守护，他们用心守护着海岛供电，用情守护着海岛发展。

"一个人、一座岛、一生情"是电力守岛人的真实写照，从青涩少年到两鬓霜白，无数守岛人把整个青春都留在了海岛。

海岛不同于陆地，作为岛上为数不多甚至是唯一的电工，守岛电工的服务没有界线，没有节假日，也没有固定的休息时间。"百姓有需求、服务有保障"是海岛供电服务的真实写照，家用电器维修、房屋布线、电瓶车维护……凡是与电相关的工作，都在守岛电工的服务范畴。

在岛上老百姓眼里，他们是"万能电工"、是"邻里乡亲"，有的家里有事、着急跑船，可以放心地把钥匙留给他们，这种信任与信赖，让守岛电工和岛民如同家人一般。

"守岛人精神"代表王川在电采暖用户家中协助检查线路设备，确保居民取暖季安全稳定用电

"岛是咱的家，兴岛靠大家"是电力守岛人共同的心声。海岛地无三尺平，山路崎岖狭窄、骑车不方便，守岛电工经常迎着海风徒步巡检，日行3万步是常有的事。每逢冬天，海风凛冽、浪涛汹涌，他们知苦不言苦、吃苦不怕苦，用银线串起千家万户。而每到夏天，岛上游客络绎不绝，为了保障岛上渔家乐可靠供电，他们昼夜不分、走街串户，为海岛发展加油助力。

"为乡亲们把岛守好、把电供好"是电力守岛人的朴素信仰。驻守大黑山岛的五星级网格经理王茂勇，34年坚守着这座小岛，34年除夕夜值班不回家，34年保持零投诉。而长岛十二座供电岛屿上，都有像王茂勇一样默默坚守的电力人，小黑山岛的王川、小钦岛的吴荣兵、庙岛的韩文亭……一个个响亮的名字，在耕海牧渔的渔民心中烙下了"光明使者"的鲜明印记。

时代在变，但"以岛为家、坚守为民、奉献为党"的守岛精神没有改变。电力守岛人扎根海岛、默默矗立，以"择一事终一生"的专注执着、"干一行专一行"的精益求精，作出了对电力事业、海岛发展、百姓致富最长情的告白。

张维康 摄

"守岛人精神"代表王茂勇正在协助渔家乐用户检查用电线路

北庄史前遗址博物馆
Bei Zhuang Prehistoric sites museum 200m

龙爪山景区
Long Zhao Shan Attraction 1.7km

大黑山岛
DA HEI SHAN DAO

张维康 摄

山东省人民政府

张维康 摄

从过去到未来　坚强电网成为绿色转型的不竭动力

党的二十大报告指出："必须牢固树立和践行绿水青山就是金山银山的理念，站在人与自然和谐共生的高度谋划发展。"长岛作为省级海洋生态文明综合试验区，生态保护与绿色发展意义重大，在实现全域净零排放上，具有先天优势和示范引领作用。

2024 年 2 月 27 日，山东省烟台市政府新闻办举行新闻发布会，介绍《长岛国际零碳岛发展规划（2023—2035 年）》相关情况，提出到 2035 年长岛将高质量建成国际零碳岛，全域温室气体实现净零排放，并确立了 6 项重点任务，其中一项便是构建岛外引电为主导、岛内清洁能源发电为补充、海陆互联互促绿色能源体系。

刘中蕾 摄

随着长岛"零碳"新型电力系统示范区建设，长岛持续推进终端能源消费电气化。绿电、清洁取暖和一半的供水被誉为长岛"民生2.5工程"。截至2024年9月，岛上1000多家渔家乐、民宿全部完成了全电厨房改造，全电驱动的海水淡化设备承担了海岛一半的供水任务，全岛集中供暖实现煤改电清洁化，人居岛屿充电桩实现全覆盖，纯电公交车载着游客奔驰在各个景区，体验着长岛的生态之旅。

仅2023年，这个岛屿面积只有56.8平方千米的县级区接待了超过470万人次游客，实现旅游收入超过62亿元。

除了助力海岛发展，国网烟台市长岛供电公司还聚力高质量发展。为了鼓励年轻人更好地适应"双碳"和新型电力系统的时代浪潮，国网烟台市长岛供电公司启动了"海上鸥鸟"青年建功联盟，"一对一"为青年员工制定五年培养计划，举办青年讲堂活动，让越来越多的电力守岛青年员工走上舞台提升锻炼，2023年一举拿下"金钥匙"全国金奖、青创赛省银奖等荣誉。

▶ 如今的长岛，柔性微网、光伏、潮汐波浪能等新能源正逐渐成为支撑区域经济发展的重要能源。

▶ 2015年，在长岛成功建成山东首个微电网项目"分布式发电及微电网接入控制示范工程"。

▶ 2020年，建成长岛智能微电网群互联工程，有效提升了海岛电网的供电可靠性和可再生能源消纳能力。

▶ 到2025年，长岛供电可靠率将提升至**99.99%**以上，达到国际岛屿领先水平。

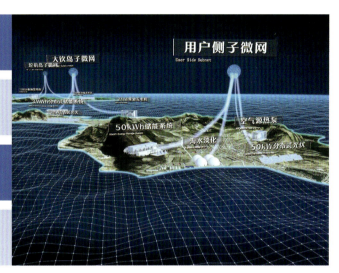

电力加持下，预计到2027年，长岛将率先实现"碳达峰"

"微光"虽弱，聚也成芒！半个多世纪的沧桑巨变，电力守岛人传承"以岛为家、坚守为民、奉献为党"的守岛精神，奋楫扬帆，乘风破浪，建成了坚强智能的海岛电网，让这座璀璨的海上明珠熠熠闪耀。未来，新时代电力人将踔厉奋发、笃行不怠，以"一辈子办成一件事"的执着，助力长岛在国际零碳岛建设中焕发绚丽光彩。

刘虎 张维康 文

张维康 摄

131

光耀济宁

孔孟之乡
运河之都
文化济宁

济宁是中华文明的重要发祥地，诞生了人文初祖轩辕黄帝和孔子、孟子、颜子、曾子、子思子五大圣人。所辖曲阜、邹城为国家历史文化名城，有"三孔"和京杭大运河两处世界文化遗产，有水浒故事发源地水泊梁山、铁道游击队故乡微山湖，圣地、文化、水乡交相辉映。

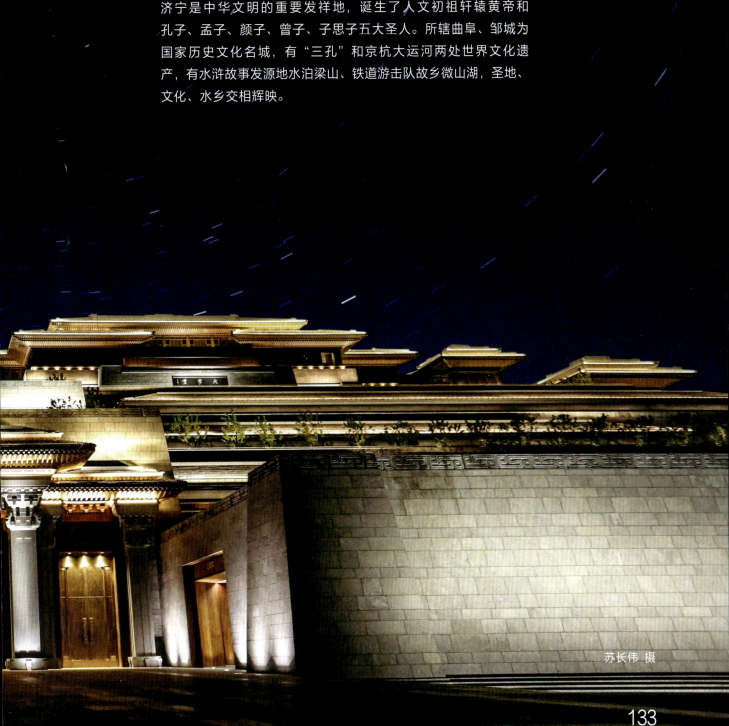

苏长伟 摄

济宁概况

济宁现辖 **2** 区（任城、兖州）、**2** 市（曲阜、邹城）、**7** 县（泗水、微山、鱼台、金乡、嘉祥、汶上、梁山）和 **3** 个功能区（济宁国家高新区、太白湖省级旅游度假区、济宁经济技术开发区）。

面积 **1.1** 万平方千米

总人口 **890** 万人

俯瞰京杭大运河济宁段

杨国庆 摄

134

济宁电网概况

济宁电网位于山东电网南部，是以邹县、运河等 10 座统调电厂为主供电源，以 500 千伏汶上变电站、金多变电站、儒林变电站、麟祥变电站和邹县电厂 500 千伏联变为重要支撑，以 **34** 座 220 千伏变电站为中心的"东西开环、两片区、多联络"的坚强网架，全面实现所有县市区至少 **2** 座 220 千伏变电站布点。

国网济宁供电公司所属 35 千伏及以上变电站 **246** 座，变电容量 **2735.2** 万千伏安，输电线路 **6732.37** 千米，配变 **36658** 台，线路 **23521.8** 千米。营业网点 **119** 个，服务客户 **443** 万户。

奋进之路

1918 年
济宁电灯公司创办成立。济宁古运河畔的竹竿巷里亮起第一盏电灯，济宁电力肇始。

1949 年
济宁电灯公司由济宁人民政府接收，改名为"济宁发电厂"。

2002 年
济宁电业局更名为济宁供电公司。

1995 年
全市农村实现"户户通电"。

2010 年
全省首座 110 千伏全室内标配式变电站——诗南站、全省首座 110 千伏黄屯智能变电站相继竣工投运。

2020 年
济宁东部电网改造工程完成，相当于重建了一个区域主网，彻底消除了济宁电网最为薄弱的环节。

1962 年
济宁第一座工业
用 35 千伏变电
站——石马变电
站建成投运。

1966 年
1966 年 6 月，济宁第一座
110 千伏变电站——马青变电
站建成投运。
同年 11 月，济宁供电局成立。

1993 年
济宁市在全省率先实
现行政村"村村通电"。

1979 年
110 千伏马青变电站升
压至 220 千伏，成为
济宁电网的第一座 220
千伏变电站。

2023 年
500千伏麟祥变电站竣
工投运，优化补强济宁
电网结构，助力破解
"煤电围城"。

2024 年
首次承担分布式光伏国
家重点项目，打造分布
式光伏"主动支撑"集
群控制示范工程。

电等发展

以创新**"登高先行年"**行动为抓手，大力开展**"扛旗争先、创新创效"**实践，坚定不移**"争一流、争第一、争唯一"**，各项工作取得新突破、展现新担当。

强基固本　筑牢安全防线

◎ 出台《"大安全"落地示范三十条刚性措施》，领导干部"同进同出"、风险管控"一口清"等做法在全省推广。

◎ 固化安全督查中心领导带班、"两体系"融合值班等做法。

◎ 全省首家开展高压电缆开窗检查和变电站室内无人机多机协同巡视。

◎ 连续三年保持党员"零违章"，安全文化建设成果荣获全国电力安全文化精品工程。

金剑 摄

黄绍斌 摄

王超 摄

用心用情　提升获得电力

◎ 全省首创园区标准化用电管理模式，获评济宁市优化营商环境工作突出单位。

◎ 全省首家实现充电桩"线上点单、一次办好"，获评山东省优化营商环境创新实践最佳案例。

◎ 全省首家取得政府负荷管理中心印章授权，首家完成负荷资源"引导式排查"应用，推动兖矿华聚虚拟电厂全省首批实现资源接入。

王者东 摄

国网济宁供电公司员工向商户宣传安全用电

140

国网济宁供电公司员工在湖区开展用电服务

金剑 摄

国网济宁供电公司员工为时代绿能兖州兴隆庄一期 250 兆瓦光伏项目提供技术服务

向新向绿　护航转型发展

◎ 创新构建"风光储输"联合送出发展模式，在任城跃进港、兖州兴隆庄建成投运全市首个分布式、集中式光伏配储示范项目。

◎ 开展"清风暖阳"行动，攻坚保障全省采煤沉陷区最大的漂浮式光伏电站——时代绿能兖州Ⅰ、Ⅱ期光伏高效并网。

◎ 首次完成全量县（区）分布式光伏接入电网承载力及提升措施研究，服务全市新能源装机达到 562.07 万千瓦，占全部装机的 33.37%，历史首次超过电源总装机的三分之一。

王者东　摄

国网济宁供电公司员工服务时代绿能兖州 100 兆瓦、200 兆瓦时储能项目并网

王者东 摄

技术全国领先、功能全省最全，集"光储充检放"和休闲服务于一体的国网济宁智慧超充柳行综合示范站

144

扛旗争先　打造创新示范

◎ 实施"电动儒乡"专项行动，建成集技术全国领先、功能全省最全的智慧超充柳行综合示范站。

◎ 首次承担分布式光伏国家重点项目，打造分布式光伏"主动支撑"集群控制示范工程。

◎ 高效运转"滴滴创客"全员创新平台，累计解决问题需求592项，评选"金点子、金钥匙、金招牌"48项。

◎ 无人机蛙跳巡检、供电所智能助理、微信电管家等16项创新实践在全省"首创首成"。

高广宣　摄

亓者武　摄

扬帆千年运河　电靓孔孟故里

　　雄亘东西的万里长城与纵贯南北的千年大运河，宛如中华民族精神文化版图上的"人"字脊梁。大运河作为"流动的文化"，穿越 2500 多年，蜿蜒近 3200 千米，既是润泽百姓的水脉，更是传承历史的文脉。

　　地处大运河中段的济宁，是孔孟故里、儒家文化发源地，也是古运河之都，依河而生、因河而兴。在运河岸边，一代代济宁电力人砥砺前行、勇担使命，在传承运河文化的实践中，在推动地方经济社会发展中，艰苦奋斗、改革创新、锐意进取，谱写了"人民电业为人民"的恢宏篇章。

"筚路蓝缕"开出"火树银花"

　　回望历史，1918 年初春，济宁运河畔的竹竿巷亮起了第一盏电灯，济宁电力由此肇始。然而，在多灾多难、战乱频繁的历史时期，济宁电力发展屡屡受挫、举步维艰。

　　一唱雄鸡天下白。中华人民共和国成立后，济宁电力人以不屈服于困难的奋斗精神，逢山开路、遇水搭桥，踏上了艰苦创业的新征程。

马青变电站是济宁电力人建设的济宁第一个 110 千伏变电站，于 1966 年 6 月建成，当时安装了 1 台 10000 千伏安变压器。随着肥城至兖州 110 千伏输电线路的投产，济宁电网与鲁中电网实现联网，马青变电站成为重要枢纽。

济宁第一座 110 千伏变电站——马青变电站

改革开放后，济宁电网迎来了蓬勃发展的春天。1979 年 1 月，马青变电站由 110 千伏升压至 220 千伏，成为济宁电网的第一座 220 千伏变电站。后续，相继建成投运了 220 千伏济宁电厂至马青变电站、马青变电站至石横电厂、邹县电厂至马青变电站等多条输电线路。济宁电网不断拓展延伸，为地方经济的发展注入了强大动力。

2017 年 9 月，国网济宁供电公司启动马青变电站改造工程。面对原址重建、设备带电运行等诸多挑战，国网济宁供电公司全力攻坚，奋战 10 个月，将站内设备更换为先进的 GIS 组合电器，开关、刀闸、电流互感器合为一体，马青变电站焕然一新，重焕青春活力。

作为济宁的"元老站"，马青变电站承载着服务地方经济社会发展的光荣使命，见证了济宁电网从薄弱到坚强、从传统到智能的跨越转变。截至目前，济宁电网已建成以 500 千伏汶上变电站、金多变电站、儒林变电站、麟祥变电站和邹县电厂 500 千伏联变为重要支撑，以 34 座 220 千伏变电站为中心的"东西开环、两片区、多联络"的坚强网架，实现了所有县市区至少 2 座 220 千伏变电站布点，电网资源配置和安全保障能力大幅提升。

如今，竹竿巷两侧的"运河记忆"文化街区热闹非凡，运河水岸灯火璀璨，繁华更胜往昔。这条曾经点亮济宁第一盏电灯的小巷，早已不再为缺电、停电而烦恼，在可靠的电力保障下，居民们用电无感，"诉求不出网格"，办电"刷脸""一网通办"，进入"智慧社区"的数智时代。

颜丙峰 摄

147

"被单锦旗"映照"奋斗足迹"

"一切幸福都是奋斗出来的。"几千年历史中，运河岸边无数不肯向命运低头的鲜活生命，汇聚成平凡而又非凡的奋斗者群像。千百年后，在大运河畔，一群国家电网人以奋斗姿态战冰斗雪，擎起"人民电业为人民"的丰碑。

微山湖"船居户"追踪供电工程施工

京杭大运河自微山湖（南四湖）入境济宁，远道而来的水脉在高楼乡向东引出一段支流，渭河村就坐落于其侧畔。作为一座典型的渔村，渔民们常年撑船在大湖深处漂泊，"用电"曾是他们遥不可及的奢望。

1997年10月，山东省电力工业局作出实施渭河村"船居户"追踪供电工程的重大决策，决心为大湖深处的渔民送去光明。济宁供电局迅速抽调180余人组成施工队，于当年11月的枯水季挺进大湖深处。刚进湖区，施工队就遭遇了数十年不遇的冻雨暴雪，湖区温度一夜之间骤降至零下十几摄氏度，尚未冻实的淤泥混合着冰碴形成了泥沼，深处没至膝盖。湖区无法行船，水泥电线杆只能堆积在码头，距离施工地点尚有5千米之遥。"不能跑船，人拉肩扛也要把电杆送到现场！"施工队10余人为一组，前拉后推、手脚并用，一寸一寸硬是把电杆"挪"到了施工现场。

冰雪严寒未能阻挡济宁电力人的坚韧与勇气，经过15天的鏖战，线路架设终于完成。通电那一刻，渔民们因买不到锦旗，便在一条红色被单上写下"人民电业 情系渔家"八个大字，全村护送到指挥部。当天，鞭炮声彻夜不息，渔民们喜极而泣。

电力改变了渔村的面

渔民赠送"被单锦旗"

148

貌，也改变了一代代"船居户"的命运。如今，这里已成为远近闻名的"水上渔街"，昔日的"鱼猫子"变成了渔街上的"小老板"，临湖捕鱼的"老生计"变成了乡村文旅的"新产业"。30年来，供电从未间断，服务更加精细，彩虹共产党员服务队穿梭于湖区，用优质服务支撑起更多发展的希望与信念，被渔民称为"湖上彩虹"。

宋那里村嵌刻"光明纪念碑"感谢供电人

视线向北，运河自梁山县出境，归入东平湖。距离运河不远的梁山县小路口镇宋那里村，20世纪90年代初还未通电，是远近闻名的贫困村。1991年，宋那里村被纳入梁山县电业局"百村办电"范围。为填补资金缺口，梁山县电业局毅然拿出盖办公楼的钱用于办电。电灯亮了，村民的心里也亮堂了。为了表达感激之情，村民们请人雕刻了一块"光明纪念碑"，嵌在配电室的外墙上，成为"村村通电"的历史见证。

一座村庄的变迁，映射出济宁电力人的奋斗足迹。充沛的电能让运河两岸的乡村焕发出新活力，一幅幅产业兴、百姓富、乡村美的画卷正徐徐展开。

"唯实唯新" 驱动 "登高向前"

　　满眼生机转化钧，天工人巧日争新。面对运河复杂的地理环境、多发的洪涝灾害，古人以无穷智慧攻克道道难关，将梦想和抱负变成现实，把绝妙建造传承为治水哲学，在中华民族创造史上熠熠生辉。

　　济宁是大运河漕运的"咽喉"。被称为"十五世纪水利工程奇迹"的南旺分水枢纽，通过巧妙的"鱼嘴"型结构，引汶水入运河，解决了大运河跨越水脊的难题，大大提升了运河北段的通行效率。一次主动求新求变，造就了济宁漕运600年商贾繁华。

航行在京杭运河济宁段上的货船

　　时光流转，创新不息。如今，随着"绿电"的融入，古老运河的底层运行逻辑也在悄然发生变化。为推动港口绿色转型，国网济宁供电公司在嘉祥港、梁山港、跃进港等多处安装了岸电桩，满足了来往船只充电需求，守护着一泓悠悠碧水。

　　坐落于京杭大运河与瓦日铁路黄金交汇处的济宁梁山港，作为江北最大的内河港口，河道开阔，货船往来络绎不绝。盛夏的午后，一艘满载

供电员工在梁山港维护岸电设施

煤炭的货船徐徐驶入港口，靠岸后，船主王大利娴熟地将电缆接入岸电智能控制柜的插头，扫描二维码货船即可接通岸电。王大利生于跑船之家，自幼便跟随父辈在京杭运河上跑船运煤，是最早一批体验岸电的人，"以前在船上用燃油发电，噪声大、成本高，自从港口有了岸电，用电能成本降低了一半，既经济又环保。"他由衷感慨。

全剑 摄

供电员工服务宁德时代兖州兴隆庄一期 250 兆瓦光伏发电项目

如今，京杭大运河"黄金水道"早已摆脱了自然条件的束缚。在稳定的电力支撑下，经过数级泵站提水调蓄，大运河济宁段实现四季通航、水位平稳，丰沛水量承托起 2000 吨级船舶的通航能力，万吨船队可直抵上海、武汉，让不临江、不靠海的济宁实现通江达海。近年来，济宁内河港口吞吐量稳居山东省第一，运河的"黄金坐标"愈加闪耀。

电力换"源"，城市更"新"。在济宁，绿电不只在运河岸边涌动。近年来，济宁坚定推动从煤炭产业的"黑色经济"向"绿色低碳、制造强市"转型发展，国网济宁供电公司坚定向绿步伐，推动重大能源工程落地，高质量支撑鲁西南采煤沉陷区"光伏+"基地建设，有效保障全省最大的漂浮式光伏电站——宁德时代兴隆庄光伏项目全容量并网，首批入选全省"虚拟电厂"等试点示范，赋能绿色发展，全方位助力济宁建设绿色低碳高质量发展先行区，争当能源清洁低碳转型的推动者、先行者、引领者，让"煤炭沉陷区"变身"绿能生长区"。

潮平两岸阔，风正一帆悬。回望 75 年来济宁电力人的奋斗历程，站在京杭运河申遗十周年的历史节点，薪火相传的济宁电力人将饱蘸历史的笔墨，保持奋斗的姿态，大力践行卓越文化，在新的伟大变革中迸发出更加澎湃的力量，为"再登高、走在前"的卓越山东电力和新时代社会主义现代化强市建设增光添彩。

孙衡 李军 文

王者东 摄

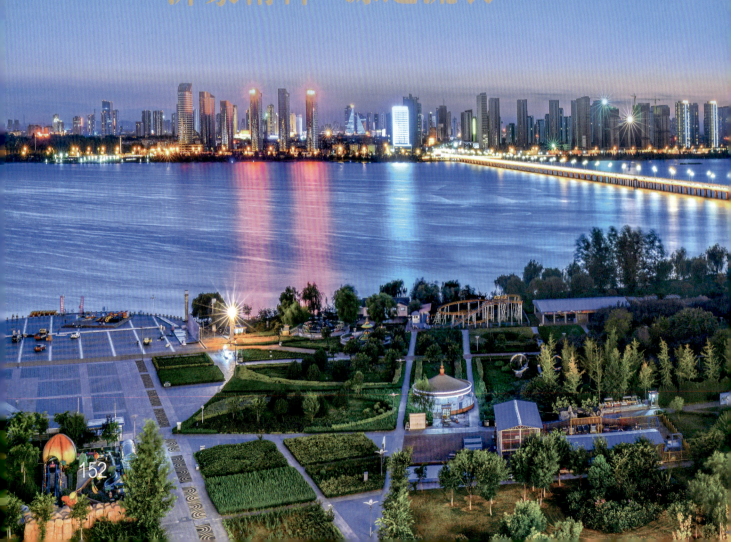

光耀临沂

钟灵毓秀 贤孝辈出

商贸荟萃 开放包容

沂蒙精神 源远流长

◉ "人人那个都说哎，沂蒙山好……"诞生在抗战烽火中的《沂蒙山小调》，跨越时空，由沂蒙大地唱遍大江南北。

◉ 一山巍峨一水浩荡，八百里蒙山沂水绵延不绝。这里就是红色圣地——临沂。

刘笃龙 摄

153

地理位置

临沂位于山东省东南部

辖 **3** 区 **9** 县 **2** 个国家级开发区

1 个省级新区

人口丨面积

户籍人口 **1200** 万人

总面积 **1.72** 万平方千米

是山东省人口最多、面积最大的市

生产总值

2023 年临沂市实现生产总值 **6105** 亿元

全省排名第 **5** 位

蒙山日出风光

王汉卿 摄

钟灵毓秀 贤孝辈出
——是她的气质

临沂是一个有史有圣有文气的地方。孔子72贤徒中有13人生长在临沂，历史上24孝中有7孝在临沂。

商贸荟萃 开放包容
——是她的品性

临沂市拥有批发市场125个，电商园区55处，被授予中国市场名城、中国物流之都。

沂蒙精神 源远流长
——是她的风骨

巍巍蒙山高，悠悠沂水长。临沂是沂蒙精神的发源地，这片沃土被誉为"红色沂蒙"。在抗日战争和解放战争时期，临沂有21.4万人参军参战，120万人次拥军支前，10.5万名烈士血洒疆场。

位于临沂费县的大青山胜利突围纪念馆

位于临沂兰山区的沂蒙革命纪念馆　　　　位于临沂蒙阴县的孟良崮战役纪念馆

奋进之路

1959年

1959 年 12 月 1 日，临沂电厂至五里堡输变电工程建成投运，标志着临沂地区具备了电能远距离输送能力，高压输电网架开始起步。

1981年

1981 年 12 月 7 日，枣庄十里泉发电厂至临沂 220 千伏输变电工程投运，大幅度提高了临沂电网远距离输送能力。

1996年

1996年2月18日，农历大年三十，费县西红峪村最后8家农户合闸送电，临沂254万农户实现了户户通电，这也标志着山东省在全国率先实现了户户通电。

1951年

中华人民共和国成立后，在国家统一安排下，1951 年 9 月，第一座发电厂——临沂发电厂正式投运，临沂电力从此进入了有源时代。

1970年

1970 年 6 月 23 日，临沂地区电业管理局成立，肩负起"加强供电统一管理，加速沂蒙电业发展"历史重任，掀开临沂电力发展史的崭新篇章。

1994年

1994年6月23日，临沂苍山县大炉乡扁担山村通电，临沂行政村全部通上了电，临沂在全国老少边穷地区第一个实现了村村通电。

1997年

1997年2月，220千伏温水输变电工程仅用5个月零16天建成投运，时任副省长陈抗甫称赞该工程"创出了齐鲁第一速度，是沂蒙精神和电力铁军精神的完美结合"。

156

1999年

1999 年 9 月，500 千伏沂蒙变电站投运，临沂从此步入了超高压、自动化发展阶段。

2015年

2015 年 12 月 15 日，山东首个±800 千伏特高压直流输电工程——上海庙—山东工程正式开工，标志着临沂电网从此步入"特高压时代"。

2022年

2022 年 8 月 14 日 12 时 50 分，临沂电网全网用电负荷达 1015.5 万千瓦，首次突破千万千瓦大关，是继潍坊、青岛后第三个迈入用电负荷"千万千瓦"时代的地级市。

2010年

2010 年，全省首座、全国规模最大的电动汽车充电站——焦庄充电站投运。

2021年

2021 年 10 月 25 日，投运沭河 500 千伏输变电工程，是全市第四座 500 千伏变电站。

2024年

扎实开展对标世界一流价值创造行动，小商品城智能微电网实践入选省公司卓越专项标杆，公司获评省公司对标世界一流企业价值创造行动"标杆企业"。

157

电等发展

自中华人民共和国成立以来，临沂电力人发挥"特别能吃苦、特别能战斗、特别能奉献、特别负责任"的电力铁军精神，砥砺奋进、筑梦前行，临沂电网日新月异，实现跨越式发展。

- 年售电量突破 **468 亿千瓦时**
- 综合业绩挺进**全省前三**
- 全省重要的**"外电入鲁"**承接中心
- 第三个负荷**"破千万"**的市域电网

王汉卿 摄

临沂费县熠峰 67 兆瓦集中式光伏发电项目

刘笃龙 摄

陈艳 摄

郇曙光 摄

全面推进电网高质量发展

"两交两直" **4** 项特高压工程过境

全省第 **2** 个同时拥有特高压交直流变电站落点

拥有 35 千伏及以上变电（换流）站 **337** 座

变电（换流）总容量 **7016.6** 万千伏安

输电线路 **1.2** 万千米

接纳外电能力达到 **1000** 万千瓦

"两纵两横" 500 千伏骨干网架全面建成

220 千伏网架形成 **"五片区多环网"** 供电格局

电网规模 **全省第三**

全市 10 千伏联络率实现 **100%**

配网网架结构全面补强

供电可靠性大幅提升

徐可 摄

上海庙—山东 ±800 千伏特高压直流输电工程临沂沂南换流站

崔秀霞 摄

临沂沂南县岸堤镇 40 兆瓦光伏发电项目

加快构建新型电力系统

房怀营 摄

位于临沂费县薛庄镇的沂蒙抽水蓄能电站

高标准建成罗庄南头**"村级自治电网示范区"**，全市低压分布式光伏柔性控制覆盖率提升至 **71%**，分布式光伏户数、容量领跑全国地级市

建成全省第一座 500 千伏并网抽水蓄能电站——**沂蒙抽蓄电站**，全力推进蒙阴垛庄抽蓄电站项目建设，提高新能源消纳能力

承担**分布式光伏国家重点研发计划项目**示范任务，建成全国首个高弹性集群示范工程

推进"零碳"站所建设，实现全市红色景区**"红区＋绿电"**示范项目全覆盖，特色做法被全国人大代表在全国两会提议推广

打造营商环境金字招牌

省内**率先推出**电力高频业务异地办理和居民充电桩"无证明"极简办服务模式，实现 14 类业务**"一件事一次办、一次就办成"**

创新推出园区供配电设施标准化建设模式，实现入园企业**"一企一表"**开门接电

升级**"再快一分钟"**抢修模式，打造核心城区 **8** 个标准化抢修站，实现核心城区抢修**"1** 分钟响应、**5** 分钟出动、**10** 分钟到场"

积极**服务新能源汽车下乡**，实现核心城区 **3** 千米充电圈和高速服务区、红色景区、全部乡镇电动汽车充电设施**"一圈三覆盖"**

王汉卿 摄

王汉卿 摄

162

王汉卿 摄

王汉卿 摄

王汉卿 摄

推动创新创效再创高峰

近六年，获得省公司及以上科学技术奖 **84** 项、管理创新奖 **107** 项，职工技术创新奖 **86** 项，QC 成果奖 **94** 项、授权专利 **511** 项

建成国内首家政企合作零碳电力科普馆——**临沂电力科普馆**，获全国首届电力科普大赛最佳成绩

全省率先实用化运作**临沂市能源大数据中心**，建设"电眼工程"全国试点，为政府决策、城市建设和民生发展提供更加准确、可靠的"能源参考"

投运**职工创新创效服务中心**，搭建公司职工成长发展平台

163

千里银线送光明 "户户通电"铸丰碑

蒙山苍苍，沂水汤汤。临沂是革命老区，在这片红色热土上，曾有120万人参战支前，10万英烈血洒疆场，"党群同心、军民情深、水乳交融、生死与共"铸就的沂蒙精神成为齐鲁大地宝贵的精神财富。

夜晚的临沂灯光璀璨

在沂蒙精神的感召下，沂蒙人民自力更生、艰苦创业，把临沂发展成为"商贸物流之都"，拥有北方最大的物流基地。扎根在红色热土上的临沂电力人艰苦奋斗、顽强拼搏，在20世纪90年代，以极大魄力打赢了"户户通电"攻坚战，在山东电力发展史上书写了浓墨重彩的一笔。

路在脚下 他们手抬肩扛

对于现代人来说，电并不稀奇。但在20世纪八九十年代，电对于农村地区却是个稀罕物，老一辈农村人"日出而作、日落而息"，黑色是夜晚的主色调，对比日常照明用的煤油灯、蜡烛，电算得上是"奢侈品"。

1994年年底，山东全省仍有62万农村居民没有用上电，且主要集中在济宁、聊城、菏泽和临沂，其中临沂无电人口在全省最多。"再也不能让下一代点煤油灯了。"带着对人民群众的深情厚谊，1995年初，山东电力工业局党委作出了在全省实施"户户通电"工程的重大决策，在齐鲁大地打响了这一惠及千家万户的决战。

山东省委、省政府对"户户通电"工程十分关心重视，要求全省上下齐心协力，把这件造福父老乡亲的大事办好。各地市县成立以政府分管领导为组长的领导小组，纷纷把"户户通电"工程作为"市长工程""县长工程"，签订责任书，立下军令状，全力加快推进"户户通电"。

然而，面对社会缺电、装机缺钱、发电缺煤、群众生活还不宽裕的社会大环境，供电部门承担了通电的大部分费用，地方政府筹措一部分，农户只负责户内所需费用，对贫困户、烈军属、五保户等一律免费上电。为支援"户户通电"工程，全省电力系统开展了"送光明，献爱心"捐助活动，全省电力职工踊跃捐款156万元。

未通电的村庄大多位于山岭地带，户与户之间分散且相距甚远。由于山高路险，道路不畅，传统施工机械用不上，架电施工异常艰难。电力职工自带被褥、干粮、炊具，吃住全在施工现场，靠最原始的作业方式，人拉肩扛，蹚出了一条条蜿蜒曲折的架电路。

"当年把电从山下架到俺们村整整用了40多根水泥电线杆，一根就两三千斤重，要10多个人一起抬，电力工人就这么一根一根给抬了上来。"兰陵县大炉乡扁担山村村民刘传生回忆说。"户户通电"是民生工程，赢得了当地百姓的广泛支持和拥护，有的自愿出义务工，帮着抬杆子、拉线，有的为勘测线路当向导。

进入1996年，攻坚步伐不断加快，济宁、聊城、菏泽相继完成"户户通电"，临沂各县区也顺利完成任务，仅剩费县西红峪村8家农户成为最后的无电户。

全省电力系统为实现"户户通电"献爱心捐款

村民自发参与到架线施工中

偏远山村的架线施工全靠人抬肩扛

165

历史见证，他们喜极而泣

西红峪，一个藏在沂蒙山余脉褶皱里的小山村。就是这样一个偏远山村，却在山东电力发展史上书写了浓墨重彩的一笔。

1996年2月18日，农历大年除夕，西红峪村八家农户通电，标志着山东省"户户通电"全线告捷，山东省在全国率先实现全省"户户通电"，齐鲁大地千家万户家家光明。这一历史瞬间，也被永久地记录在了当天的中央电视台新闻联播中。

央视新闻联播在除夕夜报道山东在全国率先实现"户户通电"

通电当天，西红峪的村民用脸盆盛着红皮鸡蛋、红绿花生、栗子和石榴来招待为他们送来光明的电力员工。这些物品在当时是用来庆祝结婚、生孩子以及招待最重要客人用的，通电——对村庄来说是大事、更是喜事。

"千里银线送深情，万家灯火谢党恩"，这是实现"户户通电"后，西红峪村民贴在自家门口的大副对联。电，不仅照亮了村民的家，也照亮了村民的心，更照亮了乡村振兴的路。

"千里银线送深情，万家灯火谢党恩"春联

村民赵莲香在通电后的第二天，就托人在县城买了一台"熊猫"牌电视机。有了电，小朋友再也不用摸黑走几公里山路去邻村看电视了。村民林本河在通电后不久，就买了一台电刨子，搞起了家具加工，率先走上了致富路。

"户户通电"工程，让现代文明延伸到全省广大农村家家户户，极大地促进了农民群众的思想启蒙和观念转变，深刻地改变了广大农村的生产和生活条件，开辟了农村发展的广阔天地，具有重大的政治意义、现实意义和历史意义。

施工人员以石碾为餐桌

时至今日，西红峪村南头电杆旁仍安坐着一尊石碾，历经几十年风雨洗礼，岿然不动，它见证了"户户通电"以及农村电网改造升级的历史。

曾经参与西红峪架电工程的季文晓回忆，这尊石碾是当年电力施工人员的餐桌，吃饭时随手搬几块石头就是凳子，煎饼、咸菜和辣椒是标配，偶尔吃个大包子就当改善伙食了。寒冬腊月，山上本来就缺水，一条小水沟也上了冻。施工人员通常是摘掉手套就吃饭，白生生的包子上留下一个个黑指印。热腾腾的包子就着山风吃，两口下去就凉了。

当天的季文晓没能赶上回家过年的最后一班车，但当她看到央视新闻联播播放的"户户通电"新闻，看到西红峪村民欢呼雀跃的笑脸，她深切地感受到，作为一名电力职工是多么自豪！付出的一切艰辛是多么值得！

大道光明，他们接续奋斗

"户户通电"精神感天动地，久经岁月淘洗而历久弥新。国网临沂供电公司不断汲取奋进力量，在新征程上走出了一条"红色景区＋绿电"赋能老区振兴发展的创新路子。

朱村"光储充"一体式充电站

盛夏时节，不少外地游客来到临沂红色旅游村——临沭县朱村旅游。村里建有"光储充"一体式充电站，设有 6 个充电桩，桩上面装有 115 千瓦的光伏雨棚，一旁还有一台 100 千瓦时储能装备，游客可以一边停车充电，一边感受乡土宁静。"光储充"一体式充电站每月发电量约 1.2 万千瓦时，优先供充电桩和朱村景区使用，有了这个充电站，朱村新能源汽车增加了 20 多辆，"红村"的"绿色"步伐不断加快。

以点带面，越来越多的"绿电"项目在红色沂蒙开花结果。根据红色景区"屋顶闲置资源丰富、白天用电负荷集中"的特性，国网临沂供电公司在兰陵代村、莒南朱边茶溪川景区、沂水沂蒙山革命根据地等红色景区，因地制宜建设分布式光伏、储能装备、充电站、光伏一体化路灯等设备，让景区用上清洁电、绿色电。

国网临沂供电公司工作人员服务莒南茶溪川景区水库岸电

此外，国网临沂供电公司结合各红色景区实际情况，围绕餐饮、住宿、游览等终端能源消费环节，对厨具、民宿、燃油观光车等进行电气化改造，在提升用能效率的同时，还减少了明火隐患，降低了景区消防安全风险。通过打造"全电景区"，极大提升了游客的观光体验，还有效改善了景区生态环境，实现了经济效益和生态效益双提升。目前，临沂市县所有红色旅游景区均实现"绿电"全覆盖，红色沂蒙"绿电"涌动。

改革开放 40 多年来，临沂商城历经小地摊、大棚底、专业批发市场、现代商贸物流城和国际化商城五代市场变迁，经营商品涵盖小商品、五金、建材等 27 大类 6 万个品种，成为全国最大的市场集群之一，这其中电始终扮演着重要角色。

根据临沂小商品城面积广、人流车流大等特点，国网临沂供电公司创新打造"供电＋能效服务"多站合一示范项目，在商品城屋顶建设了 8.64 兆瓦光伏电站，同时配建了高容量储能站及 20 套快充桩组成的充电站。光伏发电首先供市场内商户自用，余电储能或上网，商品城的发展更绿了，商户们的腰包也更鼓了。

征途漫漫，惟有奋斗。只有苦干实干，才能结出累累硕果；只有接续奋斗，才能不断登高向前。从"户户通电"到"红区绿电"，电网结构日新月异，百姓生活更加富足，但是，电力服务老区人民美好用电的初心不会变，电力赋能老区发展的决心不会变！

临沂小商品城布满屋顶光伏

薛克城 摄

临沂古城夜景美不胜收

光耀德州

九达天衢　　儒风水韵
神京门户
　　　大德之州

◉ **这里历史悠久，底蕴深厚**
古运河穿城而过，齐鲁燕赵在此交汇，德州黑陶可以追溯到 6000
年前的龙山文化。

◉ **这里物华天宝，人杰地灵**
董仲舒、东方朔、邢侗……先贤辈出、灿若星辰，有德之州由此
得名。

◉ **这里地利人和，机遇聚势**
位于黄河下游北岸，北依京津南接济南，京津冀协同发展、黄河
流域生态保护和高质量发展"两大国家战略"汇聚。

◉ **这里绿能涌动，风光无限**
依托丰富的风光资源，新能源发电量占全社会用电量比重全省首
个突破 50%，电网形态向着新型电力系统不断迈进。

德州新湖风景区夜景

周建新 摄

171

儒风水韵　大德之州

中国优秀旅游城市
中国功能糖城
生物产业国家高技术产业基地
国家火炬计划新能源产业基地

- 总面积 **10356** 平方千米
- 2023 年末常住人口 **553.63** 万人
- 辖 **2** 区 **2** 市 **7** 县

  2 个国家级开发区

  10 个省级开发区

地区生产总值 **3805.27** 亿元

增长 **6.0** %

全社会用电量 **311.29** 亿千瓦时

同比增长 **4.54** %

新增规上工业企业 **394** 家

规模以上工业增加值增长 **8.6** %

■ 德州为山东省唯一一个列入京津冀国家发展战略的城市，并明确了"一区四基地"的战略地位

京津冀产业承接基地

科技成果转化基地

京津冀南部
重要生态
功能区

优质农产品供应基地

劳动力输送基地

运河两岸
喜丰收

崔忠伟 摄

崔忠伟 摄

173

奋进 之路

500 千伏贝州变电站建成投产，德州电网形成 500 千伏环网运行格局。同年，德州全年售电量首次突破 200 亿千瓦时。

2019

开国大典之际，德州发电厂 200 千瓦机组一次性试机成功。

1949

德州第一座 220 千伏变电站——临邑变电站建成投运。

1984

1902

1965

1995

天津机器局迁至德县兵工厂，安装 2 台锅驼机驱动的 50 千瓦发电机组，这是山东最早的官办自备发电机组，自此德州开始有电。

德州第一座 35 千伏变电站——南郊变电站建成投产。

德州实现"户户通电"。

174

2023

德州新能源发电量占比首次突破50%，占比全省第一。

2024

探索构建县域蜂巢式电网，实现国内首次县域电力自主调峰。

锡盟—山东特高压工程入鲁首基铁塔基础浇制工作在德州完成。

2014

2012

2006

德州第一座 500 千伏变电站——德州变电站建成投运。

220 千伏庆云输变电扩建工程竣工投运，德州 220 千伏电网实现环网运行。

175

电等发展

◎ 服务电力客户 **355.43** 万

◎ 现有 35 千伏及以上公用变电站 **268** 座
变电总容量 **2686** 万千伏安

◎ 35 千伏及以上公用线路 601 条、长度 **6926** 千米
10 千伏公用线路 1798 条、长度 **23931** 千米

◎ 新能源总装机 **836** 万千瓦，全省第三，新能源发电
量占比全省率先突破 **50%**

李龙 摄

陈彬 摄

宋伟龙 摄

国网德州供电公司员工协助水面光伏项目排查安全隐患

赵文晨 摄

宋伟龙 摄

◎ 全国首创"集中汇流""群调群控""云储能"模式，叫响"绿电亮德·风光无限"新能源服务品牌。

◎ 推动出台国内首个明确承担调峰、消纳责任的综合性政策，主动引导分布式光伏科学有序发展。

◎ 积极研究构建新型电力系统指标评价标准，试点打造黄河以北新型电力系统示范区，新型电力系统实施路径研究实现"国际领先"。

国网德州供电公司员工协助水面光伏项目排查安全隐患

宋伟龙 摄

◎ 新能源装机突破 **800** 万千瓦，同比增速、消纳水平均居全省前列。

◎ 庆云新能源发电量超过全社会用电量，试点建成全省首个 **"绿电示范县"**。

◎ 建成首个"分布式光伏+储能"示范项目，搭建"云储能"资源池，全市在运在途独立储能**90**万千瓦、全省最多。

胡然然 摄

179

刘文超 摄

电网升级　智能可靠

◎ 建成德州第四座 500 千伏变电站——齐河站，省级"天衢新区" 35 千伏升压规划全面实施，电网资源配置能力大幅提升。

◎ 35千伏及以上线路可视化、无人机自主巡检、220千伏及以上变电站智能巡视实现"三个全覆盖"。

◎ 全省首批建成基于物联感知的"低压透明化"示范台区，实现"六级"停电感知能力。

国网德州供电公司组织工作人员利用无人机对 500 千伏齐河站进行巡视排查

王维维 摄

许保琨 摄

国网宁津县供电公司保店供电所工作人员到"吨半粮"种植示范基地开展安全用电检查，全力保障夏收用电安全

毛利 摄

赵文晨 摄

王衔 摄

用心用情　优质服务

◎ 营业厅转型升级，全面打造智慧绿色用能、畅享美好生活、互动体验增强的服务窗口，新型电子化服务渠道覆盖率达到 **90%** 以上。

◎ 高标准服务新能源汽车下乡，全省率先开放共享全部供电所充电桩。

◎ 建成国网助力乡村振兴示范村、国网"村网共建"示范点，主动将供电服务融入乡村，构建线上线下相结合的乡村便民服务体系。

靳宗锋 摄

杨加明 摄

厚德促发展　匠心耀州城

黄河浩荡奔流，一路千折百转，为鲁西北留下一片1.03万平方公里的丰饶沃土。古运河穿境而过、齐鲁燕赵在此交汇，黄天后土、人杰地灵，晏婴、廉颇、董仲舒、邢侗……先贤辈出、灿若星辰，有德之州由此得名。

一代代德电人深深扎根于此，秉承厚德载物的精神传承，弘扬精益求精的匠心追求，持续奋斗、永不止步，一步一步建设起坚强电网。在鲁西北平原上，电力之光如点点星辰，终以燎原之势点亮了这座城市的每一个角落。

京杭大运河德州段

向阳而生　向光而行

1905 年 9 月，北洋机器制造局在德州城外西南花园投产。伴随着发电机震耳欲聋的轰鸣声，德州有了第一盏电灯，德州电力史的序幕就此拉开。

1949 年，德州电厂修建，采购了一台型号为"特尔滨"的 200 千瓦汽轮发电机组。在开国大典当日，发电厂试车运行成功。转过年来的 1 月，电厂正式投产发电。

受限于当时的经济发展水平，彼时的德州，工业基础薄弱，大型企业寥寥无几，电力则处于"有电无网"的落后境地，居民仍普遍使用煤油灯照明。

北洋机械制造局成立

德州市电力公司车间剪彩留影纪念

德州电厂机房

德州电力百废待兴，老一代德电人在近乎一穷二白的情况下，开启了艰难的创业历程。

1969 年 12 月，在齐河"五七"干校培训的刘云华临危受命，开启了德州电网建设之路。当时德州电业局房无一间，车无一辆，施工机械没有一件，只有 15 名管理人员、30 名刚报到的复员军人和不满 20 岁的学徒工。他们没有退缩，住民房、睡地铺，渴了喝冰水，饿了啃窝头，就着咸萝卜，从零起步，筹建 110 千伏济—临—德送变电工程。

冬天的鲁西北，最低气温达零下 15 摄氏度，满地里披着经冬不化的"地皮甲"。刘云华身披棉大衣，与青年职工在雪地里勘测，在风雪中奔忙。1972 年 4 月 15 日，110 千伏济—临—德送变电工程投运送电，山东电网第一次接入这片土地。德州电网由此开端。

参建人员竣工投产合影留念

党旗飘扬　光洒万家

德州电力 75 年的发展史，也是扛牢社会责任、不断提升为民服务能力的奋进史。在一次次破茧提升中，党的旗帜始终高高飘扬。

1983年2月28日夜,风雪交加,德州首座220千伏黄二临输变电工程现场,绝缘拉杆冻在了电杆上取不下来,可能影响第二天的正常开工。张树海和马邦彦两名共产党员二话没说就爬上电杆,用尽全力取下拉杆。下来后两人几乎冻僵了,烤了会儿火又投入了会战。

德州电网建设早期图

德州第一座220千伏变电站——临邑站

　　初心如磐,使命在肩。到1990年,在几代德电人的连续拼搏下,德州电网已初具规模。但仍难以覆盖到所有村户。要想为末端的德州电网输送更多的电,只有升高电压等级,建设220千伏电网。

　　新站址是一片洼地。夏天阴雨绵绵,晴天一身汗,雨天一身泥,艰苦条件下,党员既是中坚力量,也是主心骨。酷暑季节,职工们每天施工在12小时以上,硬是在这荒洼地里竖起一片杆塔。

　　1991年1月10日,这片洼地上一座220千伏变电站拔地而起。至此,德州电网形成了以220千伏为骨架,110千伏为主网,35千伏纵横延伸的电网结构。

　　1995年8月25日晚,乐陵市铁营乡尤家村康景文老汉家亮起了耀眼的

1995年,德州全面实现户户通电

电灯。那一刻,德州户户通电。从此,德州地区三百多个无电村的老百姓,永远告别了千百年来与油灯相伴的历史。

　　从2000年全面实施"彩虹工程",到2007年成立"好师傅"服务队,为民服务的优良传统生生不息。如今,国网德州供电公司共产党员服务队已扩展到130余支,活跃在全市159家医院、10816家企业、7961个农村社区(村庄)供电服务一线。他们用行动践行着国家电网人的初心使命,架起了一座为民服务的连心桥。

党员服务队队员帮助农户检查春灌设备

数字电网　向新突破

　　人人都能用上电，人人都能用好电，是历代德电人的不懈追求。迈入新时代后，加快构建清洁低碳、安全充裕、经济高效、供需协同、灵活智能的新型电力系统，对德州提出了更高要求。新一代德电人秉承奋斗精神，在数字的海洋里，以智提质，向新突破，不断夯实能源电力保供的基石，再一次谱写了数字电网的新曲。

　　2023年8月6日凌晨，德州平原发生5.5级地震，需预调配配变、柱上开关等72类1100余件（套）物资备用。国网德州供电公司运检部专工王朋朋在系统上提交了物资调配申请。

　　几分钟后，仓库接到程序响应，一系列自动化设备开始拣货、打包，很快物资"躺"在传送带。"不到50分钟就备齐了物资，这在原来可要花费半天。"王朋朋表示。

　　这流转有序、畅通无阻的物资供应，是国网德州供电公司数智赋能探索实践的一个缩影。近年来，国网德州供电公司以入选"国网公司数字化示范市"综合示范项目为契机，不断加快推动数字化转型，逐步构建起一张越来越"聪明"的电网。

国网首家绿色数智共享仓库在德州建成

　　在齐河县赵官镇刘集东村，车网互动（V2G）充电桩项目接入低压直流微网，可以将电动汽车当作"移动式充电宝"，在电网负荷较高时，借助V2G技术反向送电，以此达到削峰填谷的效果。

　　除了源网荷储互动探索实践，国网德州供电公司也在不断升级供电服务，让越来越多的用户享受到了能源数智化成果带来的便利。开发的"AI+RPA"客户侧停电主动研判智能坐席，自动将抢修进程第一时间反馈客户，实现"停电主动感知、信

德州安全管控中心远程监督作业现场

息主动推送、故障主动抢修"，缩短抢修时长30%以上；上线的电水气暖线上联办服务，无需往返线下营业厅，大大方便了企业和群众办电。

　　从发电企业到用电客户，从设备巡检到安全管控，数字技术应用已在德州电网各个业务领域全面开花。

　　七十五载长歌奋进，七十五载风雨兼程。如今的鲁西北大地，已是铁塔林立，灯光璀璨。那横跨天际的银线，承载着"人民电业为人民"的暖流，源源不断地送进千家万户。

苏静　李玉刚　王安　文

光耀泰安

中华泰山　国泰民安
五岳独尊　海岱文明

泰山日出

解九江 摄

岱宗夫如何？齐鲁青未了。

造化钟神秀，阴阳割昏晓。

荡胸生层云，决眦入归鸟。

会当凌绝顶，一览众山小。

宗勇 摄

代佳佳 摄

宗勇 摄

有一座 山
享誉华夏
五岳独尊
巍然耸立

有一座 城
因山得名
依山而建
山城一体

有一群 人
埋头苦干
勇挑重担
一往无前

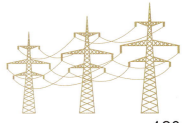

189

概述

泰安市地处山东省中部，东望黄海，西襟黄河，前瞻孔孟故里，背依泉城济南，总面积 7762 平方千米，辖 2 个市辖区、2 个县级市、2 个县，截至 2023 年末，常住人口 534.9 万人。于 1982 年被国务院列为第一批对外开放旅游城市，也是中国优秀旅游城市，国家历史文化名城。

190

总面积
7762 平方千米

2023 年末
总人口 **534.9** 万

泰安因泰山而得名，"泰山安则四海皆安"，寓国泰民安之意，城区位于泰山脚下，依山而建，山城一体，是山东省"一山、一水、一圣人"旅游热线的中点。境内的泰山是国家重点风景名胜区、世界自然与文化双遗产，有"五岳之首""天下第一山"的美誉。

陈阳 摄

191

奋进之路

1983 年

泰安地区第一座 220 千伏变电站南流泉变电站投运。

1982 年

山东海拔最高的 10 千伏中天门开关站建成投运。

1958 年

泰安电网第一条 110 千伏输电线路神莱线、莱新线及莱芜 110 千伏变电站建成投运。

1955 年

泰安新汶电厂建成发电。

1924 年

北京人朱森和泰安人吕端浦等人合资，于泰安城顺河街葫芦套内兴建一处火力发电厂，次年正月十五，"泰安电灯股份有限公司"正式供电。

1922 年

汶上县人刘锡山在东平县城清销衙门处开办"火磨"（即面粉加工厂），安装一台 10 马力内燃机带动一台发电机发电照明，成立 "东平县电灯公司"，开启了泰安地区用电的历史。

2024 年

4 月 30 日，山东肥城首套 300 兆瓦先进压缩空气储能国家示范电站发电机启动运行，标志着世界规模最大、效率最高的压缩空气储能项目成功并网发电。

2001 年

历时三年的泰安市农网建设改造工程顺利完成。

2023 年

4 月 26 日，泰山中天门 35 千伏变电站第二电源工程一次性送电成功，标志着泰山极顶新增一路可靠电源，工程送电极大增强了泰山景区供电能力和供电可靠性。

国网泰安供电公司售电量突破百亿大关，跻身大一型企业行列。

2010 年

2021 年

8 月，山东省海拔最高的 35 千伏中天门变电站智慧化改造 2 号变压器一次送电成功。

2020 年

220 千伏天平智慧站 3 号、4 号主变顺利送电，标志着省内首座 220 千伏智慧变电站成功投运。

电网现状及发展

截至 2024 年 6 月，泰安电网已成为 3 座 500 千伏变电站和 4 座统调电厂为支撑、220 千伏分区域环网运行、110 千伏深入负荷中心的坚强协调网架。

方军 摄

194

马庆阳 摄

刘鑫 摄

于方舟 摄

国网肥城市供电公司工作人员到山东肥城 300 兆瓦先进压缩空气储能国家示范电站开展电力服务

近年来，国网泰安供电公司先后被授予全国文明单位、全国纪检监察系统先进集体、全国电力行业"用户满意服务"单位、国家电网公司文明单位等荣誉称号。

提升主网架供电能力

全力推动陇东—山东 ±800 千伏特高压直流输电工程落地，加速推进 220 千伏田水、羊山输变电工程，有效提升局部供电能力。

方军 摄

陇东—山东 ±800 千伏特高压直流输电工程东平换流站建设现场

建成电网发展泰安样板

打造景区"供电可靠示范区"、城市中心"两个融合示范区"、东部新城"标准结构示范区"。2024 年，基本构建城区双环网结构，全面提高泰山景区供电可靠性。

裴召刚 摄

方军 摄

197

优化供电服务　助力乡村振兴

优化农村电网结构，实现配电自动化标准化建设全面覆盖各类农村地区。推动农业生产、乡村产业、农民生活电气化，丰富乡村电气化建设模式。

方军 摄

张承良 摄

马庆阳 摄

推动能效服务能力提升

联合政府启动全省"e起节电"活动，累计推广20万户居民参与节约用电，电能替代电量规模累计达18亿千瓦时。

胡兴昊 摄

赵海存 摄

加快充电基础设施建设

积极服务新能源汽车下乡，持续优化充电网络布局，截至2024年10月，实现直流快充站"乡乡全覆盖"，进一步缩短城乡、城际充电距离，服务客户绿色出行。

徐丹明 摄

以创新驱动引领高质量发展

坚持创新驱动发展战略，因地制宜发展新质生产力，在创新十八盘上勇挑重担、勇毅登攀，切实把创新第一动力转变为推动高质量发展第一实力。

全国首创"电网建设与绿水青山相融合"理念，铺就中天门第二电源绿色＋智慧"光明之路"

全省首家打造"5G+ 数字泰山"区域电网辅助管理系统,实现泰山景区输变配用全环节全电压等级三维可视化实时监控。

全国首家提出"全混凝土装配式变电站"建设理念,为国家电网公司装配式变电站建设提供"泰安实践"。

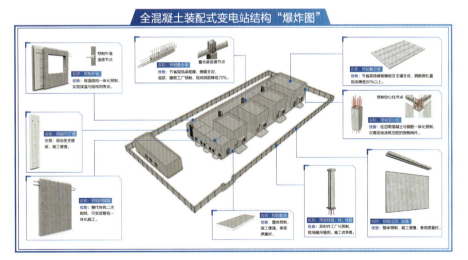

星河璀璨

登泰山的 第五条路

"泰山岩岩，鲁邦所瞻。"泰山又称"东岳"，有"五岳独尊""天下第一山"之美誉，是中国第一个世界文化与自然双遗产。千百年来，泰山承载着华夏文明的历史传承，是中华民族的精神家园，是东方文化的缩影。

泰山作为中华文明的璀璨瑰宝，是中国向世界展示中华文化的重要窗口。这座巍峨的大山，不仅以其雄伟的自然风光吸引着无数国内外游客的目光，更以其深厚的历史文化底蕴和独特的历史地位，成为中华文化自信的重要源泉。

2023年9月14日，委内瑞拉总统马杜罗在登泰山后曾说："中委友谊像泰山一样坚实！"泰山，在促进国际交流中，成为连接不同国家、不同文化的纽带和桥梁。

自古登顶泰山有红门、桃花峪、东御道、天外村四条路，而电力职工于山林间架线、施工、巡视，披荆斩棘、用双脚开拓出一条登攀之路、信念之路、精神之路，被称为"登泰山的第五条路"。

四十一年间，国网泰安供电公司近千名职工跋山涉水、沐雨栉风，参与泰山输电线路巡查、变电值守和线路作业，他们以"一辈子干成一件事"的坚韧与毅力，不畏冬夏、抗风斗雪，接续行走在这条巡视路上，守护着泰山光明。

十八盘是登泰山的石阶路中最险要的一段，也是泰山的重要标志之一

20世纪80年代初期，泰安电力职工在泰山十八盘运送电缆

筚路蓝缕　开辟光明之路

20世纪70年代末、80年代初，随着改革开放的春风吹遍神州大地，泰山向世界敞开了怀抱。1978年5月1日，泰山正式对外开放，成为中国走向世界、世界了解中国的一扇窗户。而在当时，泰山上仅有一条来自泰城变电站的10千伏泰山线为电灯照明设备供电。

开放后的短短一个月内，泰安地区革命委员会就接待了80多个国家的驻华使节，总人数达380多人。在接待驻华使团过程中，外交部负责同志发现，半数外宾在泰山脚下望而却步，因体力不济不能登顶，错过了文化交流的大好时机。有的即便登山，一旦发生疾病或意外也不能及时送下山来。另有建筑材料、食品、蔬菜、煤炭等生活用品，都是靠挑山工肩挑人扛，运输十分艰难。

由此，为了加强泰山建设、满足中外游客的登山需求，促进中华文化走向世界，建设当时中国的第一条山岳型旅游客运索道提上日程。

索道建设，电力先行。但凭当时仅有的10千伏泰山线根本无法满足架设索道的供电需求，35千伏中天Ⅰ线建设工程立即启动。

1981年10月，泰安电业局（国网泰安供电公司前身）于达元任总指挥，由淳于贤杰、张建魁、高兴乐、刘光泰、庞兴山组成的泰山索道输变电指挥部正式成立。

庞兴山 摄

20世纪80年代泰山索道输变电指挥部主要成员

泰山索道是当时中国第一条山岳型旅游客运索道，为之建设的中天门变电站也是山东省海拔最高的 35 千伏变电站，建设者完全没有经验可循。

"当时，勘察环境特别恶劣，装备也极为简陋，平衡仪、测量杆那是宝贝一样的高级装备，全队也只有一个指南针、一张地图。"庞兴山回忆道。

少说不行的千般理由，多想能行的万般办法。为不影响泰山景区的景观，让架设的线路隐没在游客视线之外，队员们只能在人影都没有的密林、灌木丛、悬崖、沟涧、山梁上找路，于达元和同事们靠着指南针和一张借来的军用地图，一遍遍地上山勘探、做测量。最危险时，大雪封山，于达元与队员们被困山里四天三夜，凭借坚强的毅力才摸索着走出深山。仅选线路走径他们就用了将近 3 个月的时间。

为了不破坏泰山上宝贵的人文建筑和珍贵古木，结合当时施工条件，设计人员经过反复研究，最终确定采用水泥电杆和铁塔混合的形式架设线路，全线 33 组水泥电杆和 17 组铁塔，分布在泰山的层峦叠嶂中。泰山地形走势复杂，建设时，没有直接通往沿线的道路，杆塔运输极其困难，电缆、铁塔等设备全是靠电力"挑山工"们手抬肩扛人工搬运上去的。

1983 年，35 千伏中天门变电站成功投运，泰山索道送变电工程顺利竣工。8 月 5 日，泰山中天门索道正式通车，填补了中国客运索道发展的历史空白。

走前人没走过的路，逢山开路，遇水架桥，誓把光明送到岱顶，泰山索道的"电力动脉"，是建设者们用心血和汗水铸就的。青山埋忠骨，于达元由于积劳成疾，不幸被确诊为癌症晚期，按照他的遗愿，他的骨灰连同工作时的笔记一同埋葬在第 83 基杆塔下，长久地陪伴在这条他曾呕心沥血建设的中天Ⅰ线旁。

庞兴山 摄

1983 年, 35 千伏中天门变电站投运

向险而行　代代执着坚守

自从有了这条输电线缆，便有了巡线工。

20 世纪 90 年代初期，在老班长的带领下，张爱国第一次在大山深处绕行 40 多里路，走完了 35 千伏中天线巡视路。三十年的不断攀登，"小张"变成了"老张"，岁月改变了容貌，却未曾改变这份坚守与传承。

"'造路'是每名巡线工的必修课。"张爱国常常在带领徒弟们巡线时说。夏季百草繁茂，冬季积雪覆盖，一年接着一年，巡线工人们在山林里开辟出通往杆塔的路。全程巡查需要随身携带至少 30 斤的必需物品，穿过 12 处原始森林以及无数的陡坡、深沟和山脊，直上直下的断崖绝壁就在脚边，每一次巡线都是对体力、脑力、眼力的多重考验，海拔 1000 多米的高度，四个小时的攀登，"电力铁军"的名字在他们身上得到了最生动的体现。

泰安电力人始终不忘初心，不断向上攀登的脚步从未停止。1994 年，泰山新建全省海拔最高的 10 千伏岱顶开关站，10 千伏岱顶线由 35 千伏中天门变电站送出，沿着泰山高耸入云的山势扶摇直上。2021 年，岱顶站完成智慧化改造，新建 10 千伏电缆线路 3500 米，将源源不断的电力从海拔 1500 米的岱顶智慧服务站输送出来，为大美泰山赋能。

"我的经验就是千万别回头看！"景区供电所所长李佩与同事们巡检 10 千伏岱顶线时说道。

巡检这条线路最危险的地方还属南天门下面的峭壁，需要扶着粗大的排水管道和铁链，踩着极其简易的爬梯，面向石壁手脚并用地谨慎攀登。由于下面是几十米长的深沟，向回看会令巡线人员感到晕眩、四肢无力，容易造成坠落悬崖深沟的危险。

暮春的泰山，乍暖还寒，巡线工穿着厚厚的棉衣，冒着湿气，一步三滑地艰难走来；盛夏的泰山，酷暑难耐，巡线工背着干粮和巡检设备，即使身强力壮的小伙子也不得不大口喘粗气；金秋的泰山，果木丰硕，圪针、荆棘不小心扎进肉里，疼得龇牙咧嘴；隆冬的泰山，冰雪覆盖，寒风凛冽，走在山路上，冷汗被风一刮，冻得人浑身发抖……

岁月更迭，寒来暑往，周而复始，看泰山四季流转。一路上泰山电力"挑山工"肩上挑的是设备，扛起的是责任。四十一年前，于达元和同事们为了电力线路设计与建设奔走在这条小路上；现在，为了保障线路安全稳定运行，一代代电力"挑山工"们跟随前人的脚步，将青春与汗水挥洒在"登泰山的第五条路"上，只为保障泰山的光明与温暖。

久久为功　守护绿水青山

一年一个样，十年大变样。随着经济发展，泰山供电设备不断升级，但为了保护泰山的生态环境，电网建设始终坚持"肩扛手抬"这种最原始的施工方式，电力"长龙"数次现身泰山。

2007 年，260 人鏖战 11 天，累计运输电缆、沙石、水泥、盖板等物资 100 多万吨；2008 年，敷设 3.6 千米

10千伏交联电缆，更换一台315千伏安新型干式变压器；2015年，35千伏中天Ⅰ线改造新建杆塔10种，共计30基，线路总长5.3千米；2018年4月，新敷设19段电缆3.5千米，运输经泰山十八盘，电力"挑山工"们在近乎45度角的"天梯"上，一步一个脚印将电缆运送至山顶。

顺山而建，为山而想，守护绿水青山一直是泰安电力人不变的承诺。2022年10月，中天门第二电源工程，近300名施工人员肩扛手抬3.8吨电缆，从泰山脚下沿东御道而上，最终到达35千伏中天门变电站。该工程也成为山东唯一获国网首批"现代智慧标杆工地"荣誉称号的35千伏电压等级工程。

2024年4月，国网泰安供电公司开工建设10千伏中尊线—泰明线联络工程，两条线路互为备用。工程投运后，将为景区提供第四路供电电源，更好地保障泰山景区安全可靠供电。

刘勇 摄

中天门变电站第二电源电缆敷设现场

李佩 摄

张惟涛 摄

国网泰安供电公司工作人员在南天门
网格服务站开展安全用电宣传

夜晚的泰山天街灯火璀璨

从 1983 年中天门变电站和中国第一条山岳型旅游客运索道相继建成，四十一年来，泰山供电发生了翻天覆地的变化。现如今，泰山景区内已建成 3 条客运索道、1 条货运索道；供电电源由 1983 年的 1 个增至 4 个，10 千伏供电线路由 1 条 3.68 千米，增至 10 条 39.28 千米，景区电力线路也实现了可视化监拍和无人机巡视；服务电力客户数由 2 户高压客户，增至 39 户高压、319 户低压客户；接带负荷由 260 千瓦增至 3540 千瓦；游客数量由 20 世纪 80 年代的 110 万人次增至 861.97 万人次。

建设泰山，更要服务泰山，国网泰安供电公司积极联合泰山管委推行电能替代，景区内 27 个驻山单位、405 家商铺实现了"以电代气""以电代油"全覆盖，有效避免了使用明火或易燃材料而引发火灾的隐患，为大美泰山的绿色安全再添一份保障，大幅减少了"碳足迹"，泰山成为全国首个近零碳 5A 级景区。2023 年 3 月，南天门网格服务站正式建立，国网泰安供电公司帮助山上电力客户实现就地办理电力业务，优质的电力服务沿"登泰山的第五条路"延伸至泰山岱顶。2024 年 1 月，泰山夜间亮化工作全部完成，点亮了从泰山红门至山顶区域 13000 米的登山路，泰山也成为国内少数 24 小时开放的山岳型亮灯景区。亮灯后的泰山，不仅照亮了泰山的盘道，点亮了游客的登山路，也揭开了泰山别样之美。

伟大的事业需要一代代人的接续奋斗。四十一年来，泰安电力人以"挑山工"的姿态接续奋斗，用双手在山水间编织输电大动脉，架起纵横畅通的坚实电网。2024 年，是中华人民共和国成立 75 周年，祖国见证了泰山每一盏灯的点亮。未来，新时代电力人将不断继承和发扬"登泰山的第五条路"精神，沿着先辈的足迹，继续书写新的篇章！

胡兴昊 代佳佳 文

光耀聊城

江北水城 · 两河明珠

- 湖河星罗，街道棋布；
- 襟带赵魏，拱卫齐鲁。
- 城中有水，水中有城；
- 濒湖望岳，栖鸾息凤。

朱玉东 摄

概况

聊城地处山东省西部,冀鲁豫三省交界处,总面积8628平方千米,2023年末常住人口586万人,辖8个县(市、区)和3个市属开发区,是国家历史文化名城、中国优秀旅游城市、国家卫生城市,被誉为"江北水城·两河明珠"。

 8 个
县(市、区)

 3 个
市属开发区

 8628 平方千米
总面积

 586 万
人口总数(2023年末)

聊城因水而生、因湖而丽，"城在水中坐，人在画中游"是这座城市的生动写照，形成了**"城中有水、水中有城，城水一体、交相辉映"**的独特风貌。

黄河和京杭大运河在此交汇，徒骇河、马颊河、南水北调东线工程等多条河流从聊城经过，与东昌湖共同勾勒出河湖纵横、清丽典雅，**"不是江南，胜似江南"**的美丽画卷。

赵寰 摄

赵寰 摄

211

奋进之路

1923

1923年初，在城东门口路南建起的"电灯公司"拉开了聊城电力发展的序幕。

1967

1967年2月3日，聊城地区投运了第一座110千伏变电站——聊城变电站。

1988

1988年11月17日，聊城第一座220千伏变电站——端庄变电站竣工投运，聊城电网第一次接入220千伏省网。

2024

2024年3月22日，山东电网首座220千伏模块化2.0示范变电站——长顺变电站建成投运。

2023

2023年4月28日，聊城首座220千伏城市融合变电站——干渠站投运，这也是聊城主城区内首座220千伏变电站。

2021

2021年11月28日，莘县古云镇15万千瓦负荷正式转接至山东电网供电，山东省跨省转供历史彻底终结。

1994

1994年9月15日，莘县王铺乡齐王庄村通电亮灯，聊城地区实现全部6451个行政村"村村通电"。

1997

1997年8月13日，220千伏蒋庄变电站投产，从土建开工到投运仅用了4个月18天，是全省第一座投产即达标的变电站。

1999

1999年12月29日，220千伏庞庄变电站建成投运，聊城电网发展成以220千伏环网为主网架的较为完善可靠的电网。

2021

2021年6月3日，500千伏聊城南变电站送电成功，聊城电网形成了以500千伏聊城站为中心，500千伏柴府站、乐平站、聊城南站为枢纽，220千伏为主网架的坚强智能电网结构。

2015

2015年8月27日，山西晋北—江苏南京±800千伏特高压直流输电线路工程首基浇筑试点在阳谷、莘县举行。

2004

2004年6月20日，聊城境内第一座500千伏变电站——聊城站成功投运，聊城电网第一次接入全省500千伏主网架。

电等发展

聊城电网是外电入鲁的重要枢纽，通过500千伏辛聊双线等7条线路与河北、济南、德州电网相连，现有4座500千伏变电站（聊城站、柴府站、乐平站、武阳站）以及国电聊城电厂、华能聊城热电、大唐临清热电共7个主要电源点。1000千伏台曹双线，±800千伏昭沂线、雁淮线等4条特高压线路穿境而过，属地运维特（超）高压线路20回，8473869千米。

截至2024年7月底，公司所辖

35—220 千伏变电站
231 座

变电总容量
23701.3 兆伏安

35 千伏及以上线路
532 条

总长度
7005.177 千米

10 千伏配电线路
1584 条

总长度
22696 千米

服务客户
318.09 万户

位于山东聊城堂邑镇的 202 兆瓦水上漂浮式光伏电站每年可生产绿色电能 2.2 亿千瓦时

赵寰 摄

于刘庆 摄

赵寰 摄

建强电网促转型

◎ **特高压工程属地工作全省领先** 连续 5 年促请市政府出台电网项目审批支持政策，全省率先完成全部杆塔基础民事工作，以实际行动叫响"全线争第一、属地当排头"。

◎ **保障新能源有序发展** 深入开展"清风暖阳"行动，服务聊城市可再生能源装机容量 471.58 万千瓦，其中光伏装机容量 439.88 万千瓦，风能装机容量 20 万千瓦。

◎ **聚力推进工程建设** 城区首座 220 千伏干渠变电站建成投运，有效解决城区负荷饱和问题，对聊城电网发展具有里程碑意义。如期完成济郑高铁供电线路建设和涉电迁改任务，为聊城跨入高铁时代提供坚强电力保障。

216

宜商惠民践承诺

赵寰 摄

◎ **持续夯实基层基础，用心用情为民服务**　客户满意度持续提升，公司在全市乡村振兴考评中保持"好"的最高等级评价。

◎ **持续提升服务质效**　发布"服务大开放大招商、助力聊城高质量发展十项措施"，推动供电营商环境持续优化。主动对接服务 402 个省、市级重点项目，全面推行 6 类供电服务业务、2 类涉电公共服务"一次办"。

◎ **两次创新助力乡村振兴**　创新开展配网工厂化装配模式和高标准农田项目区灌溉用电设施管护模式，为聊城市农业高质量发展和乡村全面振兴贡献了力量。

赵寰 摄

217

广育人才勇创新

◎ 人才培育成效显著

- 构建"导航·护航·远航·领航"四级进阶培养体系，公司员工冯涛当选第十四届全国人大代表，在参加全国两会、人大常委会期间提出统筹源网荷储规划衔接、健全分布式光伏标准体系等建议。

- 冯涛、张之栓同时获评"齐鲁大工匠""齐鲁工匠"，为山东电力和聊城首次。

- 目前，共有各级各类人才157人，其中国家级1人，省部级12人，国网级4人。

◎ 创新成果亮点纷呈

- "基于边缘计算的输电线路智能监测终端"被中国电科院副院长高克利领衔的专家团队鉴定为"国际领先"。

- "配网建设工厂化预制平台"获国网运检业务职工创新实践一等奖。

- 现场作业"三化四联"全覆盖安全监管体系构建与实施荣获国网安全管理"十佳标杆"案例。

- 北斗智慧工地建设典型做法入选中国施工企业管理协会"最佳实践案例"。

周新林 摄

"聊""解"聚力促发展

国网聊城供电公司创新开展**"聊·解"**行动，**解困惑、解纠纷、解民忧、解难题** "四元同解"系列活动，坚持以"聊"促"解"，通过和员工聊、和客户聊，经过持续深入的沟通，**了解民情、集中民智、维护民利、凝聚民心**，引导广大干部职工解决障碍难题，推动企业内部发展。

◎ **知为先，聊·解困惑** | 针对职工不同年龄、岗位，以"知政、知人、知己、知行"为目标，精准帮扶解决政策之惑、思想之惑、心理之惑、成长之惑。

◎ **人为本，聊·解民忧** | 引导各级党组织用心用情解职工所急、客户所需、群众所想、农户所盼。

◎ **和为贵，聊·解纠纷** | 各级党组织秉持"诚心、公心、耐心、用心"原则，将心比心、以情换情化解信访纠纷、案件纠纷、社会纠纷、客户纠纷。

◎ **兴为要，聊·解难题** | 坚持问题导向、系统观念，以"向上、向善、向严、向安"为方向，促进跨单位、跨专业、跨层级沟通交流，协同共建，合力破解制约发展难题。

赵寰 摄

赵寰 摄

两河交汇育明珠　铁塔银线耀水城

聊城有着"江北水城"的美誉。黄河蜿蜒九曲、奔腾不息，穿越聊城 59.51 千米，如一条巨龙穿境而过；大运河沟通南北、贯通古今，徜徉聊城 735 年，"两河"在聊城交汇，擦亮了齐鲁大地上的这颗"两河明珠"。

城，因水而兴，一路前行；电，让千年古城焕发新生。自 1923 年城东门口路南的电灯公司亮起第一盏灯，聊城电力工业史已跨越百年。100 多年来，聊城电力在历史的激流里奋楫扬帆，在时代的浪潮中开拓向前。

聊城"城中有水、水中有城"景色

装上"千里眼"，以工匠精神开创技术先河

20 世纪 90 年代以前，山东电网变电站需要人员 24 小时值班。1994 年，聊城电业局以敢为人先的魄力，决定实施变电站无人值守改造。当年 2 月，35 千伏闸口变电站被选为改造试点，任务落在远动班。原远动班班长冯昭回忆道："当时很多人不理解，这有用吗？技术成熟吗？"

面对一无成熟经验、二无现成设备的挑战，他们查资料、问专家、反复论证，制定可行方案。

调度人员通过录音电话沟通变电站运行情况

齐全的量测信息是实现无人值守的首要条件。冯昭提出，变电站现场信号必须实现遥信，调度人员远程也能看到；变电站电动机构必须实现遥控。为此，他们对变电站系统规模、信息量配置等开展反复论证。

1994 年 4 月，《聊城电业局变电站无人值班的实施方案》出炉，至今仍对无人值守变电站建设具有参考价值。

施工正值盛夏，主控室里摆满屏柜和设备，空间狭小、异常闷热。他们秉持工匠精神开展接线、绑线，成千上万根接线从顺线、折弯再到压接，横平竖直、标识清晰。

为了实现有载调压变压器标位的遥信功能，他们自己绘制电路图，采购电子元件、铆钉等材料，锯、锉、铆、焊，用最原始的方法制成电路样品。

1994 年 8 月 25 日，闸口站顺利完成无人值守改造，实现了遥测、遥信、遥控、遥调"四遥"功能，成为山东首座无人值守变电站。

工作人员在闸口站进行无人值守改造

无人值守改造后，调控人员在调度大厅就能实时看到变电站情况

221

无人值守给调度人员装上了"千里眼"，通过自动化系统提供的实时信息，在调度室即可掌握变电站运行状况，完成有载调压变压器分接头调整等操作，减员增效的同时，还提升了电网安全运行水平。

1999年10月10日，随着220千伏端庄站完成改造，聊城电网23座变电站全部实现无人值守，在山东省率先实现无人值守变电站全覆盖。

大干100天，以铁军精神打造一流工程

1997年，京九铁路、邯济铁路、济聊高速公路在聊城形成"黄金大交叉"，为聊城经济社会发展带来重大机遇，也对供电保障提出更高要求，加快电网建设步伐、提升供电能力迫在眉睫。

新建220千伏变电站2座、新建和扩建110千伏变电站3座、新建和改建高压线路143千米……回忆起1997年聊城电网建设任务，很多老员工说："任务之重、标准之高、速度之快，史无前例。"

这些工程中，220千伏蒋庄站建设任务最重。当时蒋庄站计划投产3台15万千伏安主变压器，是聊城电网建设史上采用新设备最多、单台主变容量最大、综合自动化程度最高的变电站。

蒋庄站的建设者在召开开工会

聊城电业局确立"打造一流变电站"建设目标，提出"全局抓、全局保"工作方针，成立领导小组，设安全、质量等6个组，建设人员众志成城，创下多项纪录。

工期8个月的主控楼仅用50天就具备电气安装条件，203吨的主变压器仅用3天就从沈阳运抵工地，数十公里的电缆仅用7天就完成敷设，变压器班冒着40多度的高温、仅用6天时间就完成了主变压器的安装调试……

电网建设人员在现场顶烈日、战酷暑、昼夜奋战。

建设者们正在敷设电缆

宣传人员制定了形势任务教育宣传提纲，实时跟踪现场建设报道和感人事迹宣传；工会组织"大干100天"劳动竞赛，团委组织青年突击队，有效调动了各条战线职工的积极性和荣誉感，凝聚起"打造一流变电站"强大合力。

1997年7月24日，经过两天两夜连续操作，主变压器充电成功，工期18个月的工程仅用了140天，创造了全省同类型变电站建设新纪录。

工作人员安装主变   蒋庄站 220 千伏母线安装

  1997 年 5 月 25 日，时任山东省副省长陈抗甫看到施工现场热火朝天的建设场面后，感慨万千地说："从蒋庄变电站建设者的身上，我看到了山东电力铁军的风采！"

  靠着这股不怕困难、争创一流的精神，聊城公司相继完成了聊城第一座 500 千伏变电站、第一座 220 千伏智能变电站、第一座主城区变电站、第一个过境特高压工程等建设。

蒋庄站全景

按下"加速键"，以电等发展支撑"高铁时代"

2023 年 12 月 8 日，G4821 次高铁从长清站始发，经聊城西站，开往郑州东站，标志着济郑高铁全线通车，聊城正式进入"高铁时代"。

范新广是聊城公司济郑高铁聊城段牵引站项目经理，他和同事们历时 973 天，迁改线路 136 处，建设 6 条 220 千伏线路。高铁开通当天，他坐上首趟列车激动不已："深感自豪，这就是电力人的获得感。"

济郑高铁山东段设济南西站、长清站、茌平南站、聊城西站、莘县南站 5 个站点，建设莘县、聊城西、茌平南 3 座牵引站，配套供电工程由聊城公司负责。

2021 年 5 月 28 日，国网聊城供电公司完成济郑高铁迁改工程首段线路迁改

工作人员进行线路架设

224

高铁通车前，工作人员到聊城西站检查供电情况

工程需迁改电力线路 136 处、56.5 千米，是聊城公司近 10 年规模最大的涉电迁改。聊城公司建立"日管控、周协调、月通报"工作机制，与中铁十局组建高铁项目部，推行"双经理负责制"，客户经理负责统筹项目整体推进，项目经理负责配套电网和涉电迁改工程，受理业务、施工准备等全流程各环节责任到人、高效实施。

贯通的是一条高铁，连接的是美好未来。现在，以聊城为起点，向东 30 分钟到济南，向西 60 分钟到郑州，向北 90 分钟到北京，向南 3 小时到达江浙腹地，澎湃的电力让聊城发展驶入快车道。

回首来时路，聊城电力人以心血和汗水书写了与时代同命运、与水城共发展的灿烂诗篇。展望新征程，聊城电力人将不忘初心、接续奋斗，用勤劳和智慧描绘出"城在水中坐、光耀千万家"的崭新画卷。

陈运峰　徐志　赵寰　文

光耀枣庄

煤城　　江北水乡

鲁南明珠　　运河古城

铁道游击队故乡　　班墨故里

◉ 台儿庄古城，运河绕城而流，青砖黛瓦间，古韵悠长。

◉ 夜幕低垂时，灯火阑珊，映照着历史的痕迹，古朴而繁华。

◉ 漫步石板街巷，仿佛穿越时光隧道，体验着古城的独特风情
与韵味。

227

鲁南煤城　绿色转身

1961 年，经国务院批准，枣庄由地辖市改为省辖市。而今，枣庄走过六十余载风雨，变身山水之城。

▶ **5** 区 **1** 市

▶ 国家级开发区 **2** 个

▶ 总面积 **4564** 平方千米

▶ 2023 年末常住人口 **381** 万人

▶ 山东的南大门

中兴煤矿

红荷湿地

抱犊崮

■ 工业经济

从挖煤炭、烧水泥 "一黑一灰"，到高端装备、高端化工、新材料、新能源、新医药、新一代信息技术的 "两高四新"。

铁道游击队纪念园

■ 城市发展

由城市人口不足2万人，建成区面积不足10平方千米的 "一个岗楼两盏灯，一把花生逛全城" 的矿区小镇，到今天城镇人口235.19万人、建成区面积221平方千米的 "一城山水满城绿，满城园林一城景" 的宜居城市。

锚定 **"强工兴产、转型突围"**

启动实施 **"工业倍增"** 计划

冠世榴园

台儿庄古城

229

奋进 之路

1911 年

民族工业的杰出代表——中兴煤矿公司在枣庄安装了第一台德国发电机，点亮了鲁南大地第一盏电灯。

1962 年

枣庄供电正式建制。先是枣庄供电所，1963 年更名为枣庄供电局。

1965 年

建成第一座 110 千伏变电站——台儿庄变电站。

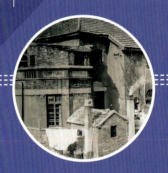

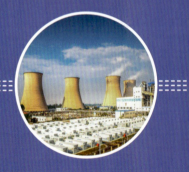

2024 年

全省首个重型燃机项目——20 万千瓦级丰源重型燃机项目并网发电，实现山东燃气热电零突破。

2023 年

全市社会用电量突破200 亿大关。

2021 年

山东省首个调峰储能示范项目滕源华电储能电站完成启动送电。

1979年

建成第一座 220 千伏变电站——夏庄变电站。

1988年

实现全市行政村村村通电。

1995年

实现户户通电。

2005年

建成第一座 500 千伏变电站——枣庄变电站，枣庄电网融入山东电网主网架。

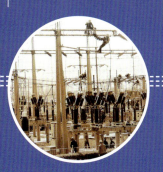

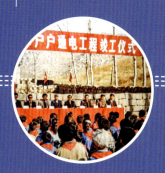

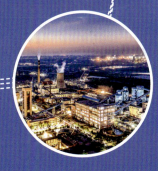

2020年

枣庄 1000 千伏特高压交流变电站正式建成投运，并入山东—河北 1000 千伏特高压交流环网。

2018年

建成第二座 500 千伏变电站——匡衡变电站，形成 500 千伏南北互供格局。

2011年

售电量突破百亿千瓦时大关。

231

电等发展

- 拥有 35 千伏及以上变电站 **123** 座
- 变电容量 **2315.35** 万千伏安
- 输电线路 **4.3** 万千米

刘帅 摄

刘西华 摄

关健 摄

233

电力先行　服务强工兴产

坚持"让电等发展"，紧紧围绕枣庄"强工兴产、转型突围"发展战略，高标准构建新型电力系统，全力支撑和服务枣庄经济社会发展。

超前考虑"工业倍增"负荷增长需求，建成投运220千伏金坡、莲青站扩建等5项主网工程。

竣工孔庄村台区改造等351项配网工程。

聚焦服务石榴产业、锂电产业发展，"三级包保"省市重点项目"零延时"接电。

助力全市全社会用电量212.16亿千瓦时，突破200亿大关。

关健 摄

刘帅 摄

■ 电力抢修车行驶在东江大桥上

关健 摄

曹欣 摄   徐同超 摄

护航发展 安全可靠供电

全力抓好生产、经营、廉政、形象安全，创新"枣电"特色"大安全"管理体系建设落地实践，着力以高水平安全保障公司高质量发展。

▶ 建立"模拟事故调查"机制，强化计划刚性管理。

▶ 扎实推进重大隐患排查整治，联合市能源局开展"电力通道百日清障"。

▶ 建立市、区两级电力执法联席会议制度，处置1000千伏曹湖线、500千伏邹蒙线线下违建等重点隐患。

▶ 成功打赢度夏保供攻坚战、台风"杜苏芮"阻击战、极端寒潮遭遇战。

▶ 圆满完成中高考、石榴产业发展大会等重要活动保电任务。

种亚东 摄

信欣 摄

创新驱动　激发登高之力

坚持 "科技是第一生产力、人才是第一资源、创新是第一动力"，扎实落地新型电力系统、新型能源体系、新质生产力、新型工业化部署，加快全员创新、全域创新、全速创新，汇聚争先发展澎湃动力。

清单化、任务书推进创新驱动 **55** 项目标任务

1 项成果在由科技部、国家发展改革委、国务院国资委等主办的中关村论坛年会发布

获评山东省全员创新企业

"红石榴计划" 获评山东创新力品牌

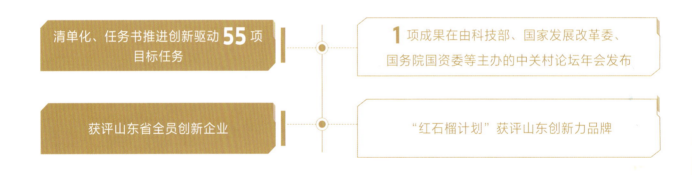

鞠同心 摄

鞠同心 摄

清风暖阳　助力能源转型

坚持以推动枣庄生态宜居建设为目标，实施能源绿色转型策略，积极消纳清洁能源，打造绿色低碳电网，助力"碳达峰、碳中和"目标实现。

- 构建能源转型"1+N"示范体系

- 全市新能源装机 342 万千瓦

- 建成投运首座 220 千伏新能源汇集变电站

- 先试先行建成"云储能"分散式电站

- 服务"鲁西南储能多场景应用基地"建设，网内新型储能装机规模达 46.2 万千瓦、居全省第 4 位

曹欣 摄

徐同超 摄

关健 摄

徐同超 摄

冷飞 摄

一流营商　电靓服务品牌

将企业发展融入地方发展大局，持续优化电力营商环境，保证群众快用电、用好电，用上舒心、满意电，用优质供电服务，为美好生活充电赋能。

- 全省首批实现公共充电设施"乡镇全覆盖"
- 试点"惠民平价充"建设模式推广
- 创新应用移动式储能充电智能机器人
- 35千伏及以上配套电网工程行政许可"告知承诺制"，园区全部实现独立用电报装
- 全省首家出台加强电力用户侧用电管理支持政策
- 攻坚治理 58 项临电、高层单电源小区隐患

娄倩 摄

电力赋能　服务乡村振兴

深入推进农网巩固提升工程，实施"乡村兴、石榴红、电先行"行动，试点"村网共建"数字化管理，打造电力赋能乡村振兴样板、共同富裕案例。

- 试点"村网共建"数字化管理，因地制宜建设"榴乡驿站"

- 建成 2 个"村网共建"电力便民服务点

- 全省率先实现农村"刷脸办电"

- 第一书记帮扶的艾湖村获评"助力乡村振兴示范村"

- 稳步巩固提升农村电网，持续改善农村供电质量与可靠性

- 建成滕州白龙湾、薛城常庄 2 个"光伏＋充电"项目

徐同超 摄

曹欣 摄

关健 摄

曹欣 摄

创新是引领发展的第一生产力　　提升经济质效推

239

星河璀璨

电靓鲁南明珠　煤城蝶变绿城

枣庄城市景色

付瑞华 摄

　　南北交融、通江达海。枣庄位居京沪廊道中点，京杭大运河穿境而过，既有北方城市的豪放，又兼具江南水乡的秀美，被誉为"鲁南明珠"。

　　1911年，煤城枣庄点亮了第一盏电灯。历经百年沧桑巨变，枣庄电力人以一路卓绝不息的奋斗，让灯盏走进千家万户，照亮街头巷陌。

　　今天的枣庄，降碳增绿、换道超车，展现出破茧蝶变的强劲脉动，建强一方电网，服务百姓生活，助力经济发展，悄然奏响了一曲动人的歌谣。

"洪水走廊"变为鱼米之乡

1963年,台儿庄110千伏变电所建设启动,高起点开启了枣庄电网的发展之路,而这却与一场洪水密切相关。

"台儿庄,蛤蟆汪,年年发水去逃荒",这首只有上了年纪的老人才知道的民谣,道出了"洪水走廊"台儿庄历史上的水患之苦。据台儿庄水文站提供的水文资料显示,1951年至1963年间,台儿庄运河水位高于地面天数平均每年56天,最长达170天。

《枣庄市志》记载,1963年8月,周恩来总理得知灾情后亲自批准建设台儿庄电力排灌站,并派国家计划委常务副主任程子华到台儿庄确定电力排灌站的位置和通电问题。

百姓帮忙运送装卸木头电线杆

1963年11月29日,水电部批复《枣庄市台儿庄电力排灌站设计任务书》,同意按50年一遇排涝标准治理,建设台儿庄变电所和赵村、台儿庄、石佛寺、西闸迁四处电力排灌站。

今年83岁、参与当年台儿庄变电所设计建设的郑文彬老人回忆说,当时大水未退,为了总理的嘱托,他们毅然撑船定位,涉水架线,日夜不停奋战在台儿庄。

1965年6月,110千伏台儿庄变电所建成投运,主变5600千伏安,电源从韩邳线引入,主要供四处电力排灌站、区医院以及附近公社大队等部分照明。

20世纪枣庄电力施工场景

电闸打开,涝水及时排到了运河中,大片肥沃的土地展露出来。运河北岸涛沟桥村党支部书记仲文岭播下了30斤稻种,没想到一种成功。老人们回忆说,"第一年试种的5亩水稻收获后,大伙舍不得吃,大都当了来年的稻种。"

自此之后,枣庄电网稳步前行、跨越发展:1979年,110千伏夏庄变电站增容升级为枣庄第一座220千伏变电站——夏庄变电站;2005年,第一座500千伏变电站——枣庄变电站建成投运;2020年,第一座1000千伏交流特高压变电站——微山湖特高压站建成投运。

截至2024年7月,枣庄境内共有变电站120座,形成以1000千伏微山湖特高压变电站为支撑、2座500千伏变电站南北互供、220千伏三纵三横、110(35)千伏一主一备、10千伏联络互供的坚强电网。

如今的台儿庄运河两岸,水稻种植面积达10万亩,大米被农业农村部认定为无公害特等品,年销售达6万吨,成了远近闻名的鱼米之乡。

彩虹共产党员服务队为百姓打了一眼彩虹春雨爱心井

崮顶荒山化身"金山银山"

米山顶，海拔 230 米，一步跨三县（山亭、平邑、费县），上下十八拐，是枣庄山亭区的小山村。而就是这个小山村，见证了枣庄电力人的艰苦奋斗，更见证了能源电力的沧桑巨变。

架电上山，是印刻在老一辈米山顶村民心中最动人的场景。81 岁的刘传振老人，是当年米山顶架电上山的亲历者。他带着架线队伍在青石岩上放炮，往半山腰里扯线，硬靠着肩扛人抬，高喊着"一二三……"的口号，把粗笨的电线杆一棵棵立到山顶，让迢迢银线连起座座山头，圆了山里人的光明梦。

据《枣庄电力工业志》记载：1979年，枣庄市85个公社全部通电；1988年，枣庄实现了全市行政村村村通电，是全省第3个实现村村通电的地市；1995年11月10日，枣庄市实现户户通电。

时光流转，曾经架电上山的米山顶，如今迎来了绿电下山。2014年，中广核 300 兆瓦山亭风电场落户米山顶，这座全省当年规划建设的最大风电场，以 150 台风力发电机、17 公里 220 千伏线路的规模，改写了米山顶以及周边地区的发展方式，成为新动力、新景观。

2017 年，山东星球企业孵化有限公司在米山顶投运第一期 20 兆瓦光伏项目，紧接着，第二期 10 兆瓦、第三期 30 兆瓦项目先后于 2018 年、2020 年上马，加速推动枣庄地区清洁低碳转型绿能涌动。

数据显示，枣庄电网目前风电装机 354.7 兆瓦，光伏发电装机 2684.81 兆瓦，生物质发电装机 281 兆瓦，储能装机 462 兆瓦，新能源装机占总装机的 42.38%。

孙琦 摄

灯光点亮米山顶村

徐同超 摄

供电员工服务枣庄采煤塌陷区的渔光互补项目

创新驱动高质量发展

　　19 个图标，一览用电变化；16 项业务，指出利弊得失；6 条优化建议，条条提质增效。这是国网枣庄供电公司为国内最大的啤酒智能流水线——青岛啤酒（枣庄）有限公司量身打造的年度用电分析账单，也是创新运用"大数据 + 算法"开发的精准推送服务。

供电员工走访服务青岛啤酒（枣庄）有限公司

关健 摄

243

青岛啤酒（枣庄）有限公司电工房厚文介绍说："啤酒生产存在旺季和淡季，月度电量差高达 6 倍。6 条用电建议，为我们每年减少电费达 8.8 万元。"他高兴地表示，年度用电分析账单给了他驾驭智能流水线的专业底气。截至目前，国网枣庄供电公司用电分析账单惠泽 1173 个企业，通过对企业电量、电价、电费、能效等六个维度分析，帮助企业把脉问题挖掘潜力，指导企业安全、可靠、经济用电。

石榴产业是枣庄市的特色产业，国网枣庄供电公司创新整合企业经济指标类数据，构建以电力数据为基础的石榴产业发展监测模式，助力政府精准监测产业趋势，助推石榴产业快速发展，为当地增强产业市场竞争力和综合效益提供了支撑保障。

关健 摄

彩虹共产党员服务队服务石榴产业发展

流程智造，是国网枣庄供电公司推进数智化坚强电网建设的积极尝试。他们选择台儿庄古城为试点，对20座配电室、25台环网柜等配电设备进行透明化改造，依托"线—变—分支—表箱—客户"智能路径拓扑优化算法，几分钟内确认故障点，给出供电服务最优路线。

配电网全景化智能管控平台实现配网运维效率根本性提升

彩虹共产党员服务队节假日保障景区用电安全

"不用去现场，也不用巡视检测，更不用查档案翻资料。"国网枣庄供电公司运检部主任张建华介绍说，传统巡视模式下，需要两个人一辆车到现场排查故障点。现在只需一点屏幕，实现了配网运维效率根本性提升。

创新打开思路，创新赋能发展。2024年6月，国网枣庄供电公司启动全员创新大赛，明确16个比赛项目，开通团队和个人双赛道，采取积分制评价，点燃了新时代全员创新之火。他们搭建"13567"创新驱动发展工作体系，秉承墨子鲁班故里的属地优势，奋发建制62年的匠心坚守，全力打造活力创新示范企业。

征程万里风正劲，重任千钧再出发。站在中华人民共和国成立75周年的历史起点，国网枣庄供电公司不断弘扬新时代卓越山东电力奋斗观，改革创新、奋进争先，在高质量发展的道路上步履铿锵、勇毅前行！

青年员工在鲁班工作室开展创新研发

吕显斌　鞠同心　关健　文

光耀滨州

孙子故里　冬枣之乡
四环五海　渤海雄邦

246

滨州，渤海之滨，黄河之洲。这里是山东省的北大门，
是渤海革命老区中心区、渤海区党委机关驻地。

因北临渤海，南拥黄河，
有"渤海雄邦"之称，
是"九朝齐鲁重镇""千年文化古城"。
这里依河傍海，
是连接苏、鲁、京、津的重要通道，
是国家级交通运输主枢纽城市。

滨州中海风景区夜景

代福永 摄

247

- 滨州市辖 **2** 区 **1** 市 **4** 县
- 面积 **9660** 平方千米
- 2023 年末常住人口 **390** 万人
- 地处 **"两区两圈"** 叠加地带

两区：
黄河三角洲高效生态经济区
山东半岛蓝色经济区 "两大国家级战略" 区域

两圈：
环渤海经济圈
济南省会都市群经济圈

中国孙子兵法城夜景

武峰 摄

美在滨州

滨州风光秀美，生态文明，境域揽黄河、倚群岳、观渤海；拥河、依山、向海是滨州的鲜明特色。

食在滨州

"齐带山海，膏壤千里"的地理环境，造就了滨州丰富的物产，也造就了许许多多滨州美食、特产：锅子饼、芝麻酥糖、马蹄火烧、沾化冬枣、阳信鸭梨闻名遐迩。

人文滨州

滨州历史悠久，人杰地灵。孙武、伏生、东方朔、董永、范仲淹等出生或成长生活在这里。这里是黄河文化与齐文化的发祥地之一，传承着独特的兵学与孝文化，吕剧也在这里发源。

黄舒雨 摄

孔德慧 摄

武峰 摄

黄舒雨 摄

碣石山

刘辉 摄

249

奋进之路

1930 年

博兴县北关人王鸿翔，用自制小型蒸汽机带动自制的发电机（直流32伏500瓦）发电，点亮自家住宅前后院20多盏灯，掀开了滨州用电历史的第一页。

1999 年

在滨州公共服务领域首个开通服务电话，设立100万元奖励基金，花钱买"批评"。2000年，全面实施"彩虹工程"，在供电企业与客户间架起了一座连心桥。营业模式从"管理用户"向"服务用户"转变。

1995 年

12月13日，沾化县李家乡李家村李利清家中的电灯被点亮，标志着滨州地区实现了户户通电。

2001 年

500千伏滨州站建成投产。

2004 年

获全国五一劳动奖状。

2014 年

9月，1000千伏锡盟—山东特高压交流输变电工程（山东段）首基铁塔基础浇筑试点在滨州阳信开工。

1949 年

党领导人民修复了惠城电灯房设备，成立惠民发电厂。

1970 年

惠民地区革委会电业局成立。胡上官任惠民地区革委会电业局第一任局长。

1972 年

4月27日，张店至无棣110千伏魏无线黄河北段67.7千米和北镇、无棣两座110千伏变电站，由淄博供电局移交惠民地区。

1993 年

11月29日，滨州地区最后一个无电村沾化利国乡新立村通电，全地区5366个行政村实现村村通电。

1978 年

滨州电网第一座220千伏郭集变电站落成。

1973 年

滨州市属12个县完成35千伏变电站接入，实现县县通电。

2020 年

连续六届被评为全国文明单位。

2019 — 2023 年

连续五年被市委、市政府授予品质滨州建设"金星奖"。

2024 年

全省率先建成密集通道运维"十分钟响应圈"，属地通道保持零责任跳闸。

电等发展

黄河奔腾，浩荡的洪流冲刷着历史翻卷的旋涡；

惊涛拍岸，惊起的浪花涌动着命运抗争的颠簸。

英雄的滨州儿女从未放弃对光明梦想的追逐。

滨州电网从无到有，

从"两站一线"到坚强智能电网，

几代滨电人，

用一场场"人民电业为人民"的初心实践，

生动地写下了时代的华章

擦亮了"滨"至如归、"州"到服务的亮丽名片。

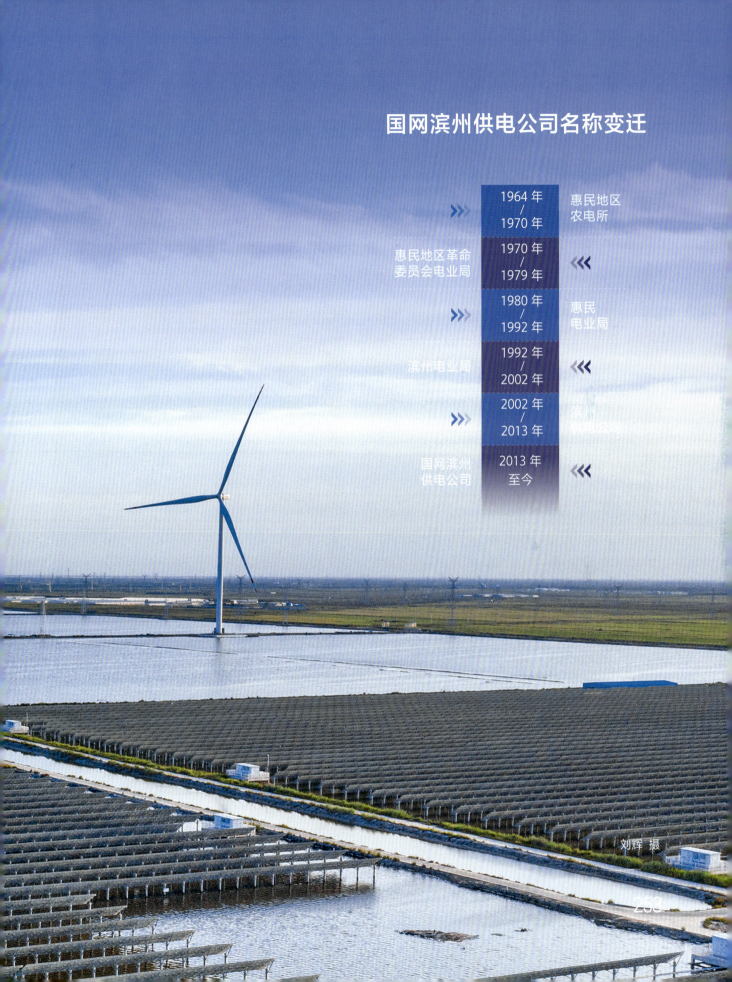

国网滨州供电公司名称变迁

▸▸	1964 年 / 1970 年	惠民地区 农电所
惠民地区革命 委员会电业局	1970 年 / 1979 年	◂◂
▸▸	1980 年 / 1992 年	惠民 电业局
滨州电业局	1992 年 / 2002 年	◂◂
▸▸	2002 年 / 2013 年	滨州 供电公司
国网滨州 供电公司	2013 年 至今	◂◂

刘辉 摄

253

代福永 摄 彩虹党员服务队走进供暖企业了解企业用电需求

代福永 摄 输电运检人员攀爬摩诃山巡视济青高铁牵引站供电线路

主动提升服务能力

- 超前对接 111 项省级重点项目，保障鲁北智能冷链储运中心等 19 项重点项目落地。

- 服务小微企业 175 户，"零投资"执行到位率保持 100%，"零证办""一证办"应用率、供电方案一次答复率全省前列。

- 促成市发改委出台居民小区充电桩"统建统服"公示名单，创新建设居民充电设施接入管控地图。

- 深入实施供电所提升专项行动，编制《营业厅开门七件事》，建立健全 10 项标准体系，狠抓坐班制、派单制落地执行，数字化供电所应用率稳居全省前列。

胡晨阳 摄

积极服务绿色发展

- 助力博兴电厂 500 千伏送出工程提前 4 个月送电，服务公司首个超高压业扩报装用户立户。

- 扎实开展"清风暖阳"行动，完成沾化华亿储能等 6 个项目接入批复。实施电能替代 56 项，替代电量 1.87 亿千瓦时。截至 2024 年 6 月底，新能源、储能装机规模达 671 万千瓦。

刘辉 摄

255

全面助力乡村振兴

- 保障 1.91 万眼农田机井正常用电。

- 沾化孟家口村获评省公司助力乡村振兴示范村。

- 新投运邹平明集等乡镇直流充电站 7 座，完成自营充换电量 1090 万千瓦时。

于洋 摄

代福永 摄

全员、全域、全速创新蓬勃开展

- 成立公司创新创效工作领导小组，接续召开公司 2024 年创新大会、创新创效领导小组会议、科技创新核心专业沟通会，全面部署创新工作。

- 发布公司2024年第一批8项"揭榜挂帅"重点攻坚项目，梳理46项创新类奖励争创计划，重点跟踪11项省部级科技成果、科技示范、管理创新项目实施进度。

- 持续完善创新创效平台，组织开展职工技术创新攻关项目征集、"五小"创新成果比武、QC小组课题注册等活动，征集创新课题258项。

- 实施创新成才三年行动，细化 33 项重点工作任务，全面强化人才梯队建设，发布竞赛调考管控九项举措，全面加强竞赛过程管控。

- 加强重大技术攻关和管理效能提升，首次立项国网总部科技项目，首次管理创新成果列入国网总部示范项目计划，首次承担国网技术标准数字化典型场景建设，成功创建"山东省数据开放创新应用实验室"。

国网滨州供电公司售电量突破
200 亿千瓦时大关

刘辉 摄

258

4条特高压线路纵贯全境，输送外电能力达
到**1300**万千瓦，约占全省外电输送能
力的"半壁江山"

代福永 摄

13 项电网工程

荣获中国安装之星、泰山杯等奖项

39 项工程

被评为国网山东省电力公司"优质工程"

形成了以 **3** 座 500 千伏变电站为支撑、

27 座 220 千伏变电站为骨干、

各级电网协调发展的坚强智能电网

代福永 摄

代福永 摄

259

星河璀璨

爱心传温暖　一门"双标兵"

2023 年 3 月，国网滨州供电公司吴守林获评中宣部第八批"全国岗位学雷锋标兵"，早在 2015 年，该公司王永泉就曾获评中宣部首批"全国岗位学雷锋标兵"。一家地市供电公司接连涌现出"双标兵"，成为国家电网系统一道独特的风景线。

过去 50 多年里，滨州电力持续开展学雷锋活动，好人好事不断涌现，成为一场跨越半个世纪的爱心接力。

吴守林筹备新人喜事

传善心积善行　人最难的时候都想被稳稳接住

3岁母亲病逝，7岁父亲去世，从小在孤儿院长大——这是"全国岗位学雷锋标兵"吴守林的童年记忆。因为自己淋过雨，所以总想替别人撑把伞。刚入职滨州地区电业局的吴守林还未成家，遇到同事家有红白大事，吴守林都会主动去帮忙。慢慢地，婚礼的习俗流程他都烂熟于心。

1982年，吴守林获评山东电力劳动模范，他把劳模奖金全部用来购置了彩虹门等婚礼用品，免费给办婚礼的职工使用。从此以后，吴守林不断添置、更新婚礼用品，经过多年积累，家里的婚礼用品堆满了整个储藏室。

从插彩旗、挂灯笼，到搭彩虹门、铺红地毯，结束后再收拾起来，每次都要大半天的时间。1.5米宽、30米长的红地毯重达七八十斤，一场婚礼下来，吴守林常常累得腰酸背痛。350余对新人在他的帮助下喜结连理，"我特别享受互帮互助过程中产生的亲近感，非要说图啥，那就是图和大伙亲近。"吴守林说。

除了帮办喜事，吴守林还帮着操办白事。他说："是社会接住了我这个孤儿，我就要在别人难的时候，去接住他们。"

2017年，吴守林罹患前列腺癌，做完手术两个月后他再次上"岗"，"只要身体允许，我就永不退休，继续为有需要的人服好务。"

吴守林在为婚礼准备摆桌　　　　　　　　　吴守林在为新人婚礼悬挂灯笼

既送电又送暖　咱家"电工哥"是最值得信赖的人

做好事、当好人的信念同样扎根在另一位"全国岗位学雷锋标兵"王永泉的心里。不管是白天黑夜、刮风下雨，只要客户有需求，王永泉总是第一时间出现。工作24年来，王永泉服务辖区17000名客户实现了"零投诉"。他还坚持上门服务孤寡老人，捎带脚帮忙做做家里的事。时间一长，他走到哪里，大伙都不喊他的名字，而是亲切地称为"电工哥"。

2014年冬，王永泉骑摩托车巡视10千伏芦郭线经过五营后村时，被武秀兰老人拦下，老人说她家没电了，让"电工哥"去瞧瞧。这个村本不在王永泉的责任范围内，但王永泉没有推脱，帮老人购买并更换了14米新电线，为她家尽快送上了电。

2023年3月10日凌晨1时，王永泉接到万隆机械厂刘经理的报修电话，连夜赶到现场，经过仔细检查，发现是厂区内部线路短路。虽然是客户资产，但王永泉还是彻夜抢修，帮助

王永泉帮助客户检查饲料加工设备

客户恢复了供电，为客户避免了5万余元的经济损失。榜样的力量是无穷的，在他的带动影响下，许多同事及辖区居民都加入到做好事的行列中来，共同传递人间大爱。

王永泉在车王镇双庙村为客户服务

传递光成为光　有爱的大家庭会把爱辐射出去

但行好事，莫问前程！从吴守林到王永泉，一家地市供电公司接连涌现出两名"全国岗位学雷锋标兵"，成为国网滨州供电公司弘扬雷锋精神，不断深化拓展学雷锋志愿服务的生动缩影。

爱像光，带来温暖；又像水，滋润心田。1997年9月，一封来自滨州市沾化县黄升乡魏家庙村的感谢信寄到当时滨州电业局变电工区党支部书记胡源根手里。这是与他结对的初中学生段秀敏的来信，四年前正上小学三年级的段秀敏因车祸失去父亲，家庭陷入困境，胡源根每年两次给孩子寄去约300元学费，并经常写信鼓励孩子好好学习，用实际行动照亮孩子未来路。

国网滨州供电公司职工爱心捐款

2013年以来，国网滨州供电公司物资部党支部党员自愿发起并成立了"一米阳光"爱心助学基金，用来资助家庭困难的学子。其中资助的沾化区冯家镇的困难大学生鲁德恒，现在已经成为春秋航空公司的一名飞行员，现在鲁德恒也开始伸出援手，帮助有需要的人。

在国网滨州供电公司，暖心的故事还有很多。张希花是一位瘫痪老人，家里生活相对困难，国网滨州供电公司杜店供电所职工卜海乐主动与张大妈家结成了帮扶对子，为他们排忧解难。因为经常陪张希花到医院检查，卜海乐还被医护人员误以是张希花

段秀敏寄给国网滨州供电公司变电工区党支部书记胡源根的感谢信

的儿子。多年来，卜海乐共结对帮扶孤寡老人、残疾人等26人，2023年卜海乐荣登"中国好人榜"。

时光荏苒，雷锋精神永不褪色。国网滨州供电公司广大干部职工将学雷锋活动融入日常、化作经常，以实际行动践行"人民电业为人民"的企业宗旨，不断深化拓展学雷锋活动，让雷锋精神在新时代绽放出更加璀璨的光芒。

吕永权　宋炳茹　代福永　文

光耀威海

山海画卷

精致城市

碧水蓝天　　滨海名城

干净宜居

◎ 清晨，山东半岛最东端的海面上，一缕阳光破浪而出，浅蓝的天空下，海面遍洒金黄，全新的一天从这里开始，这里是我国最早看到海上日出的城市。

◎ 威海，汉称"石落"，后改"落柑"。明朝为防倭寇设立威海卫，取威震海疆之意，与烟台和辽东半岛旅顺口形成三角之势，共为黄海海域以及渤海锁钥，拱卫京津的海上门户。

◎ 海上仙山属蓬莱，蓬莱之祖是昆嵛。高耸入云的昆嵛山是中国道教全真派的发祥地，也是胶东红色革命史上的不朽丰碑。

◎ 每每入冬，上万只天鹅自寒冷而遥远的西伯利亚飞来，引吭高歌，凌空翱翔。万顷湖天碧，一池雪花白。

◎ 这里，还有刘公岛，中华民族百年兴衰的参与者、见证者。她替我们铭记那么多不公与耻辱，只为让我们明白幸福的来之不易，铭记历史教训，发愤图强，把我们的国家建设得更好更强大。

威海中心城区夜景

刘中华 摄

265

1987 年 6 月 15 日，经国务院批准，威海市升为地级市，是国务院批复确定的中国山东半岛的区域中心城市、重要的海洋产业基地和滨海旅游城市。

- **2** 区 **2** 市

- 总面积 **5822.52** 平方千米

- 2023 年末常住人口 **291.4** 万人

- 第一批中国沿海开放城市

- 中国第一个国家卫生城市联合国人居奖

- 中国十佳宜居城市

- 国务院第一批国家新型城镇化综合试点地区

- 山东省新型智慧城市建设试点城市

- 中国最具幸福感城市

刘乘麟 摄

威海城区景色

金磊 摄

267

奋进之路

1979 年

110千伏威海变电站投运，实现了威海与烟台电网的联网。

1990 年

威海电业局成立大会召开，时任山东省电力工业局副局长雷声（左）、威海市副市长李同轩（中）为威海电业局成立挂牌。

1991 年

当时的乳山县大孤山乡小入乔村通电，威海市实现了村村通电。

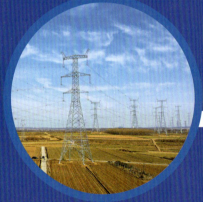

2024 年

服务威海成为山东省唯一集齐"风光核储蓄"新能源种类地级市，区域内清洁能源装机占比65.3%，储备近5000万千瓦。

2021 年

国网山东省电力公司提速建设坚强威海电网，赋能威海"精致城市"发展。

1992 年

威海自行建设的第一条 220 千伏输电线路——凤文线竣工，威海电网建设水平提升到了一个新的高度。

1997 年

在威海城网改造中，驻威部队承担了统一路地下电缆沟挖掘任务。

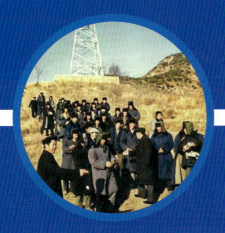

2015 年

220 千伏鲍家站、益成站、所前站先后投运，威海一年投运 3 座 220 千伏智能变电站，创下威海电网建设史奇迹。

2014 年

220 千伏荣兰线送电成功，成为青荣城际铁路首条建成的供电线路。

2000 年

威海全市农网改造工程全部完成，图为改造后的威海毕家疃村供电线路。

电等发展

赋能精致城市　点亮幸福威海

- 拥有 35 千伏及以上公用变电站 **145** 座。

- 变电总容量 **1410** 万千伏安，输电线路 **4751** 千米。

- 打造市域 **"三纵两横"** 供电网络、县域城区两站互供格局，与省网间 **500** 千伏、**220** 千伏 **"5+6"** 坚强联络，加快重塑电压序列科学合理、供电能力适度充裕、目标网架简洁可靠的电网主网。

- **资源配置灵活高效**，推进各县域、功能区电网协调发展，打造双侧电源链式结构，**110** 千伏链式结构 **96%**、**35** 千伏链式结构 **78%** 以上。

（数据截至2024年6月）

电网
接线清晰

分区
供电互济

清洁能源
分层消纳

高温天气下，刚刚完成作业的邹平安后背被安全带勒出了丫字形汗迹

"中国好人"刘朴明开展带电作业

刘中华 摄

271

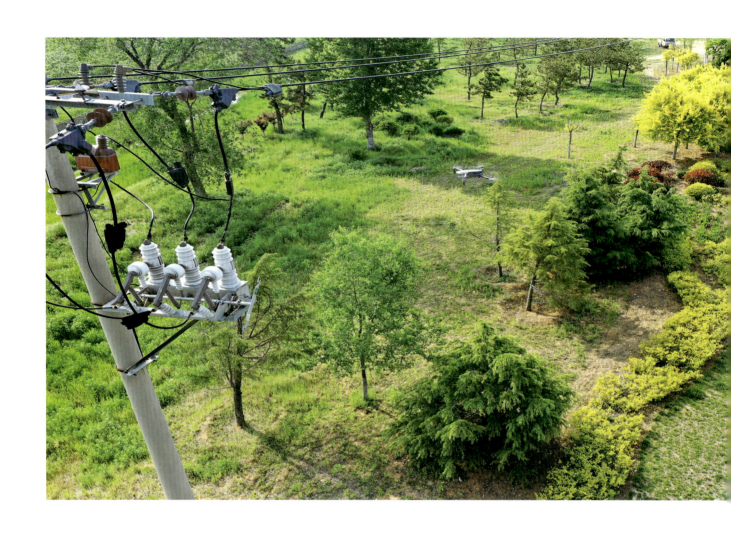

刘中华 摄

刘中华 摄

刘中华 摄

建设现代智慧配电网

网架结构清晰标准，推动主城区电缆线路向单、双环网，城郊架空线路向多分段适度联络的标准结构转变，建设草庙子中压蜂巢立体弹性能源互联网示范，打造功能定位精准、网格边界清晰、单元接线标准、形态立体弹性的中压配网网架。

源网荷储高效互动，建设全景透明低压配电网、韩乐坊源网荷储友好互动智能微网示范，打造状态全感知、源荷高互动、负荷自平衡的低压配电网。

10 千伏线路长度 **10427** 千米
10 千伏线路联络率 **100%**
电缆化率 **34.1%**
N-1 通过率 **95.14%**
户均容量 **2.23** 千伏安
配网供电可靠率 **99.9836%**
全市城乡综合供电电压合格率 **99.958%**

为威海绿色低碳高质量发展提供"绿色动力"

威海是目前山东省**唯一**一个在新能源产业集齐了 **"风光核储蓄"** 的地级市，拥有**山东最大**抽水蓄能电站，**胶东最大**储能电站，**19**座风电场、**8**座生物质及垃圾电厂、核电、集中式光伏电站。截至2024年6月，威海地区总装机**821.23**万千瓦，其中清洁能源装机**536.28**万千瓦，占比超过**65%**。

实施国核示范、文登抽蓄、乳山海上风电、文登南海海上光伏等配套工程,高效承接**113**万千瓦"风光核"清洁能源。全面提升电网灵活调节能力，建成**全国首个**"源网荷储"友好互动智能微网等，具备全域清洁能源供给条件，清洁能源高效承载，促进新能源消纳。

274

国核示范　文登抽蓄　乳山海上风电　文登南海海上光伏

山东省威海市沿海风电场

山东省威海市临港区蜂巢弹性立体能源
互联网示范区

位于山东省荣成市的 220 千伏成山京能
储能电站

国网新源山东文登抽水蓄能电站下水库

275

助力乡村振兴

电力扶贫工作连续三年获评为"好"。打赢新一轮农网改造升级"两年攻坚战"，惠及全市 **180** 个省定贫困村、**300** 个中心村、农民 **40** 余万户。大力开展乡村电气化提升工程，完成 **9** 个惠农富民项目，先后选派 **11** 名"第一书记"驻村帮扶。

"最美中国人"吕明玉任职威海市文登区孙家西山村第一书记期间带领村民制作特色面食致富

山东省"第一书记榜样"刘世鹏带领村民谋划美丽乡村图景

构建以客户为中心的现代服务体系

推行"阳光业扩"服务模式，全省首创"一链办理""零证办电""房产＋用电"联名过户，业扩报装提速 **60%**。

刘中华 摄

紧扣威海绿色生态之城建设，促成新建小区停车位 **100%** 建设充电设施或预留建设安装条件，建成集中式充电站 **42** 座、离散式充电桩 **186** 个，累计在全市实施超过 **100** 家企业燃煤锅炉电改造、居民"电采暖"超过 **100** 万平方米，替代电量 **14** 亿千瓦时。

星河璀璨

山　　海 　　岛

那些点亮海岛的光

在山东半岛最东端，浩瀚的黄海用 968 千米的海岸线在北、东、南三面环绕起一座小城，168 个大小不一的岛屿又在蔚蓝之中将其点缀，一幅千里山海画卷就此徐徐铺陈。

这里是威海，一座与海、与海岛共生的城市。只有在威海，才有那么一座岛，能看到大陆海岸最早的一缕阳光；只有在威海，才有那么一座岛，能浓缩跌宕百年的中国史诗。

只是，随意地问起一位海岛渔民，海岛生活最重要的是什么，他会告诉你，是光。看到了光，就感受到了生活的暖，就明了了前行的方向。

刘中华 摄

刘公岛不仅仅是一个岛

刘公岛第一代电工邹本湖在巡视变电设备

刘中华·摄

一座刘公岛，半部近代史，历史在这里沉思。在海岛上的甲午战争陈列馆里，你总能在不经意间与历史邂逅，很多人认识威海就是从认识这座海岛开始的。

刘公岛上，原有的两个村落，后来合二为一，132 户村民中大多为年龄超过 60 岁的老人。为切实保障驻岛部队、景区及留守居民的正常供电，国网威海供电公司曾在岛内设了威海最小供电所——刘公岛供电所，所里 2013 年前有四个人，2013 年后是三个人，最小的供电所也成了最小的班组。变电设备运行、电缆线路巡视、用电线路抢修，岛上所有大大小小的跟电有关的都要靠他们去解决，甚至客户的设备出了问题，第一时间想到的也是他们。

2013 年退休的老师傅叫邹本湖，他是跟着运抵海岛的两座变压器一起上岛的，是点亮了刘公岛的第一盏灯的人，也是他用 28 年的坚守守护了岛上的光明。

同一年离开海岛的老人戚俊杰是北洋水师提督署文物管理所第一批员工，1985 年 3 月进岛工作。进岛初期，用的是驻岛部队发电机发的电，每天晚上 9 点自动断电。深秋的刘公岛早晚温差较大。对于那段日子，戚俊杰仍记忆犹新，"那时宿舍里没有什么采暖设施，我们只能穿着秋衣秋裤把用麦秸秆做成的垫铺在被褥底下睡觉。我们四个人盼星星盼月亮一样盼着岛上能用上家里一样的电。"戚俊杰说。

1985 年 11 月 16 日，威海市区至刘公岛的 10 千伏海底电缆铺设成功，刘公岛第一次用上了长明灯。而对于刘公岛居民来说，更好的消息就是在寒冷的冬天终于可以用上电褥子了。

2000 年，在烟台供电公司大力支持下，6 条 35 千伏电缆和一条光缆敷设进岛，主要为岛上供电的 35 千伏合庆站同步投入运行。戚卫栋同时上岛担任所长（后为班长），一干就是 24 年。

上任初始，岛上正值申请 5A 级景区，架空线路要下地，新的电缆也开始敷设上岛。那个时候，没有施工的大型设备，他只能带领着几个人蚂蚁啃骨头一样对线路进行改造。一天晚上，暴雨突袭，强风吹翻了临时搭建的物资仓库，戚卫栋和值班的邹本湖老师傅冒雨对物资进行搬运，湿滑的电缆滚轮沿着戚卫栋的后背划开了一条一尺多长的血口，如果不是岛上居民火速赶到，后果不堪设想。

"也从那天开始，真正地把这里当家了，岛上的乡亲们就是亲人。"戚卫栋说。

279

2000 年，作业人员在刘公岛进行电缆敷设

2013 年，作业人员对岛上电缆线路进行升级改造

2013 年，刘公岛三条线路智能化改造，当天岛上作业施工的人员达到 65 人，大家干得热火朝天。中午休息的空，戚卫栋跑到超市提了满满一桶雪糕冰激凌，挨个分给伙计们。他说，十多年了，头一次在岛上见到这么多自己的同事，自豪、激动。说着，竟红了眼眶。

邹本湖还没退休的时候，戚卫栋总是说，看看邹老师傅，就看到了二十年后的自己。邹本湖跟着变电站里的两台主变一起上岛，驻守的那些年，每隔六个小时必对主变、变电设备、几个箱变巡视一遍，一天最少四次，其中一次是在凌晨四点。刘公岛上的人已经习惯，如果在半夜碰到一个人提着手电筒，拿着测温仪，那必然是邹师傅，现在他们又已经习惯了那个人是戚卫栋。

能给刘公岛供电所增添活力的自然是每两年就换一组的年轻人。小杨和小李，他们都才进岛一年多，但岛上的人都已经熟悉并接纳了他们，李子、杨子就成了他们的名字。"看到他们两个小家伙，我又看到了二十多年前的自己。"说这话的时候，戚卫栋若有所思，或是想起了邹本湖。

2014 年，驻岛电工王军跃、李尚昆
在东村帮助老乡更换灯泡灯口

280

宋"光明"，一个人守着一座岛

宋"光明"叫宋吉明，吉祥的吉，可乳山南黄岛上的居民却习惯喊他"光明"。

南黄岛，位于乳山市海阳所镇，是乳山市最大的岛屿。岛上用电的安全、顺畅是岛上 147 户人家生活便利的基础。而守护这座岛上 500 多名岛民的就是宋吉明。

陆地到南黄岛，1.3 海里，清晨六点，木壳船"突突突"的启动声划破了南黄岛的宁静。23 年的寒来暑往，这短短的 20 分钟的船程，宋吉明开坏了 3 条船。

1987 年 12 月 11 日，乳山县（时称）南黄岛全长 1.5 千米的 10 千伏跨海线路开始兴建，架线那几天，为避免线路落在水里，几乎海阳所镇所有的渔船都赶来增援，二三百条渔船横陈在 1.3 海里的海面上，百万雄师过大江一样。同月 30 日，南黄岛通电，南黄岛的村民敲锣打鼓，提前过年。

2002 年，南黄岛的供电服务由供电所的员工轮换落在了宋吉明一个人身上。2008 年，一艘工程船在南黄岛附近作业时，不小心将海上高压电缆刮断，岛上停电四天，宋吉明在配电室里守着发电机过了四个晚上。其后，南黄岛线路便开始进行改造，他又主动请缨，担任起施工材料的跨海运输任务。历时一个月，在北岸和南岸之间往返 70 余次，改造工程收尾，新配电室的铝合金窗还没装上，他怕孩子们进去玩，找来一个村民给看着，又往返了一趟运来窗户。船冲上南黄岛沙滩就废掉了，那是他的第一条船。

作为岛上唯一一名电工，宋吉明肩负着岛上线路的巡查和检修任务。每次巡线，宋吉明都要携带大量的工具，登杆鞋、绝缘工具、清障工具和备用导线等，以应对未知的线路问题，这些巡线装备有 30 多斤重。

细心的宋吉明还会随身携带着一个小本子，将遇到的暂时无法解决的问题记在本子上。海岛中间有一座山，将岛上的村子一分为二。巡线时，宋吉明翻山越岭，要行走 5 公里山路，花掉两三个小时。

夏天蚊虫叮咬，冬天山路湿滑，对宋吉明来说都是很平常的事情。最让他害怕的是在巡线时遇到毒蛇。野外的电线杆被杂草荆棘围住，宋吉明要定期进行清理。荆棘刺扎透了裤子，宋吉明将刺一根根摘下。

如今的宋吉明老了，白头发也不少了。常年的劳累和风吹雨淋，使他患上了风湿性关节炎，一到潮湿天气双腿就酸疼难忍，爬山路时还会隐隐作痛，需要停下来歇歇。

南黄岛上的住户大多是 60 岁以上的老人，通常家里的电器出了问题都会找宋吉明上门维修。宋吉明也是随叫随到。只要联系他，他背起工具包就走，麻利迅速，手到病除，任何问题都不在话下。

有时修完电器，宋吉明还会帮着老人们干点儿家里的力气活，熟络地找到工具，稳妥地放回原处，像干自己家的活一样。

22 年，风雨无阻

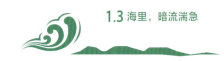

1.3 海里，暗流湍急

于腾飞 摄

宋吉明驾船对跨海线路进行巡视　　宋吉明在南黄岛对村中低压线路进行巡视　　宋吉明对南黄岛岛上低压设备进行巡视

一个人巡线，一个人除电网隐患，一个人解决一个村庄所有用电问题，一个人守着一座岛的光。

> "才上岛的那两年，发小约我和他一起出国打工，我的电工基础扎实，每年可收入四五十万，干两年就能攒够养老钱了。可我要走了，这岛上又没人愿意来，五百多人的用电怎么办？我在这里能为大伙儿做点儿事，村民们也都很尊敬我喜欢我，我感觉值了。"宋吉明说。

鸡鸣岛

不夜城北有鸡鸣

1600 年前，东晋人晏谟在其所著《齐记》中记载：不夜城北有鸡鸣。

不夜城是 3000 年前胶东半岛最早最原始的先民莱夷人修筑的古城，鸡鸣便是指鸡鸣岛。渔民在这孤悬大海中的小岛上，繁衍了千年。

2013 年，湖南卫视当红节目《爸爸去哪儿》在荣成鸡鸣岛拍摄，海岛也成了威海旅游的网红小岛，一年四季游客络绎不绝。可在这繁华的背后却很少有人知道，2004 年以前的鸡鸣岛上仅靠唯一一台柴油发电机发电，鸡鸣岛可以说是威海市乃至山东省最后一个没有通大网电的自然村。

1998 年一个狂风暴雨的深夜，岛上柴油发电机突发故障，黑暗中的村民们惶恐而不安。村里的一位老人说："俺有个远方侄子是电工，我问问他能不能来帮咱们修修。"就这样，接到电话后的孙涛毫不犹豫冒着雨摇摇晃晃向着鸡鸣岛进发。半个小时后，光亮中孙涛看到了乡亲们感激中带着企盼的目光，他客气地说：我爷爷曾经是咱岛上的百姓，我就算鸡鸣岛的后代，以后这儿的电我来管。为了这句话，孙涛一干就坚持了六年。"啥叫人民电业为人民，就是为老百姓服务呗，岛上的长辈们都是亲戚还说啥？"孙涛说。

2004 年，国网荣成市供电公司克服重重困难，采用敷设海底电缆的方案为鸡鸣岛通"长明电"。岛上开挖电缆沟，小到十来岁的孩子，大到七八十的老人，都参与其中。76 岁的船老大每天亲自驾船接送他们往返海岛施工。

海底电缆通向海岛的那天，孙涛和同事们如同一位位勇士跳进海里，扛起每米 28 公斤重的粗大电缆，一步步踏浪前行，岛上居民见此情景，也纷纷跳进海里加入拖电缆的队伍。2005 年 1 月 1 日，农历鸡年，当岛上送电成功那一刻，鞭炮声响彻海岛。

鸡鸣岛送电工程中负责电缆头制作的毕海鹏后来回忆，作为一个荣成人，鸡鸣岛送电的那一刻并不是兴奋，而是一种释怀，鸡鸣岛人盼着通电望洋兴叹了多少年，电力人的心结便打了多少年。毕海鹏的话，其他同事们懂，孙涛更懂。于是，接续六年前的承诺，孙涛将自己真正交付给了海岛居民。他说："六年前我就答应岛上的大叔大婶，他们的电我来管！"

孙涛行走在鸡鸣岛岛上

鸡鸣岛赠送荣成市供电公司牌匾：彩虹架金桥，光明进海岛

由于海岛独特的气候因素，频繁的刮风下雨和海雾侵蚀，都会导致电表箱受损，极易发生短路。可在鸡鸣岛百姓的心里，孙涛就像超级英雄一样的存在，不管天气有多恶劣，他总能穿海踏浪而来，用善良朴实的笑容告诉人们，有他在，电就不会断！

随着《爸爸去哪儿》的热播，鸡鸣岛的旅游产业迎来了新的机遇。同时，民宿的增长，鸡鸣岛上的用电量也一下增长了三四倍，用电高峰期，岛上五六百米的低压电缆，孙涛都会每天一寸寸地摸摸检查是否存在发热的情况。他的手，成了测量负荷的精准感知器，也陪着乡亲们在岛上度过了一个又一个平安、热闹的夏天。

"孙师傅，下次上岛帮俺带包针吧！" "甜瓜啥时候卖，帮忙带两个吧。" 岛上 100 多位居民 90% 以上都是老年人，进出海岛不便。为了更好地服务海岛居民，孙涛在国网荣成市供电公司的支持下，建了一座彩虹桥驿站，为居民提供最便捷的服务。一包毛线、一袋米面、一盒药、一斤油炸糕……20 年来，孙涛记满了好几个笔记本，采购清单超过 30 万条。

2023 年 9 月，刚做完甲状腺疾病手术十几天的他又登上了鸡鸣岛。他说："鸡鸣岛是我的家，在这儿心里踏实。"

如今，临近退休的他还是会定期上岛，看到哪家老人的灯泡不亮了、开关坏了，他依旧在工具包里取出个新的，悄无声息地换上，像 26 年前一样。

刘中华　李钢　张松岩　王录刚　文

光耀菏泽

牡丹之都   历史名城

书画艺术之乡   美食之城

- 雄峙烈郡，四省通衢聚古泽
- 丹青淋漓，笔墨间国风古韵
- 物华天宝，牡丹吐倾国之色
- 尚武崇德，内外兼修扬国粹
- 人杰地灵，尧舜驻泽水之滨
- 花样美食，百味酿市井传奇

菏泽

菏水之泽

菏泽位于山东省西南部，鲁苏豫皖四省交界地带，地处黄河下游，地势平坦，全省唯一一个四省交界城市，总面积 12239 平方千米，常住人口 868 万，下辖 2 个市辖区、7 个县，设有 1 个鲁西新区（省级新区）。

- 2023 年末常住人口 **868** 万人

- 总面积 **12239** 平方千米

- 下辖 **2** 个市辖区、7 个县
  设有 1 个鲁西新区（省级新区）

历史

菏泽历史悠久，古称曹州，是中华文明的重要发祥地之一。从华胥履迹雷泽生伏羲，到黄帝大战蚩尤于涿鹿之野；从舜耕历山渔雷泽，到大禹治水建夏都；从契至汤八千，到仲丁都于亳……灿烂的文明彰显着菏泽厚重的历史文化，从传承中走来，在变迁中沉淀。

经济

菏泽经济发展迅速，2023 年

菏泽市实现

地区生产总值 **4464.49** 亿元， 比上年增长 **6.8%**。

经济总量全省第 **8** 位，增长速度位居全省第 **2** 位。

文化

菏泽是我国著名的牡丹之都、书画之乡、戏曲之乡、武术之乡、民间艺术之乡。菏泽文化底蕴深厚，古为伏羲桑梓、尧舜故里，历史上数度成为中原地区政治、经济、文化中心，享有"天下之中"美誉。祖源文化、尧舜文化、汉文化、黄河文化、水浒文化等在此交相融汇，国家级非遗项目全国地级市第三、全省第一。

牡丹之都　书画之乡　戏曲之乡

武术之乡　民间艺术之乡

祖源文化　尧舜文化　汉文化　黄河文化　水浒文化

奋进 之路

1996 年

菏泽地区实现户户通电，
开启菏泽电力发展"新纪元"。

1970 年

菏泽地区第一座110千伏变
电站——菏泽变电站正式建
成投运。

1931 年

山东省立菏泽第六中学（今
菏泽一中）亮起菏泽第一盏
电灯。

1986 年

菏泽第一座220千伏变电
站——三里庙变电站建成投运。

1958 年

菏泽地区诞生了第一个火
力发电厂——菏泽发电厂。

1999 年

220千伏单城变电站成为全省
首座投产即实现无人值守的
变电站。

288

2005 年

菏泽地区第一座 500 千伏变电站——郓城变电站建成送电。

2021 年

全国唯一一座坐落在滩区村台上的变电站——东明长兴 110 千伏变电站建成投运。

2024 年

菏泽电网第 30 座 220 千伏变电站——彭越变电站建成投运。

2023 年

菏泽市第一座独立式储能电站——凤凰华润储能电站并网成功。

2015 年

500 千伏文亭变电站建成投运，菏泽电网实现 500 千伏变电站环网运行。

2020 年

1000 千伏曹州站正式投入运行，标志着菏泽电网正式迈入"特高压时代"。

同年，在黄河滩区鄄城六合社区建成全省首个"智慧村台"。

289

电等发展

建成坚强智能电网

菏泽电网共有

35—220 千伏变电站	输电线路			
269 座	**466** 条	**30** 座 220 千伏变电站	**116** 座 110 千伏变电站	**123** 座 35 千伏变电站

1000 千伏变电站——曹州站	500 千伏变电站	500 千伏 →		
1 座 承接华北、西北电网外电送入	**3** 座		郓城站 文亭站 桂陵站	

通过四条 500 千伏线路与省网相连 **形成了** → 特高压为支点 → 500 千伏电网为核心 → 220 千伏网架为骨干 → 坚强智能电网

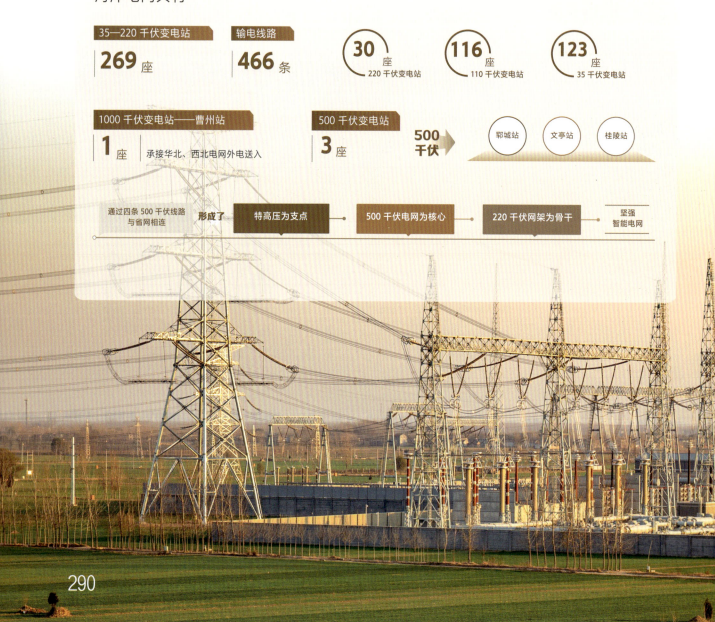

负荷增长势头强劲

全网用电负荷增幅全省第一

全网用电负荷 **646.3** 万千瓦

位居全省 第 **8** 位

增长 **10.9%**

增幅全省 第 **1** 位

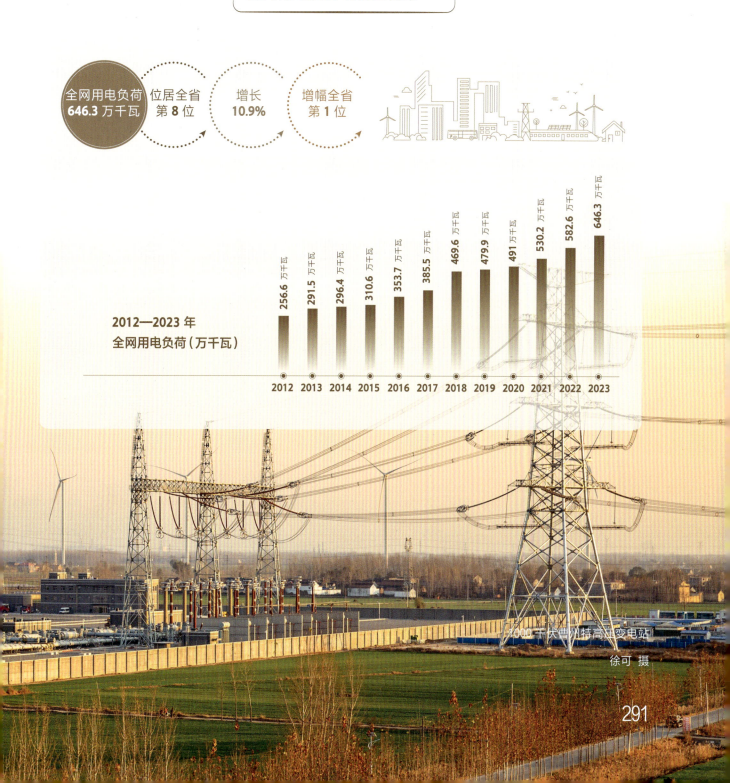

2012—2023 年
全网用电负荷（万千瓦）

年份	负荷（万千瓦）
2012	256.6
2013	291.5
2014	296.4
2015	310.6
2016	353.7
2017	385.5
2018	469.6
2019	479.9
2020	491
2021	530.2
2022	582.6
2023	646.3

1000 千伏曹州特高压变电站

徐可 摄

聂蓬 摄

绿电发展持续澎湃

网内发电装机总容量 **1005.4** 万千瓦

省调直调电厂	风光新能源	地方电厂 **29** 座	储能
380 万千瓦	**518.8** 万千瓦	**85.6** 万千瓦	**21** 万千瓦

聂蓬 摄

工作人员到鄄城华润凤凰储能电站帮助检查维护设备

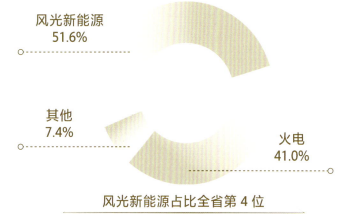

风光新能源 51.6%

其他 7.4%

火电 41.0%

风光新能源占比全省第 4 位

风光新能源装机「三过半一主体」

电源装机新能源过半：

容量 518.8 万千瓦
占比 51.6%

新能源装机光伏过半：
容量 327.9 万千瓦
占比 63.2%

光伏装机分布式过半：

容量 268.2 万千瓦
占比 81.8%

分布式光伏以屋顶光伏为主体

4月23日 11:44

菏泽地区新能源最大出力达 365.2 万千瓦

占同时刻负荷 89.9%

293

创新成果不断涌现

◉ 牛德成发明的多功能电力施工车已在安徽、河北、江苏、内蒙古等 **10** 个省份推广，销售额超过 **3000** 万元，**创新成果推广成效居全省首位**。牛德成创新工作室被命名为全国示范性劳模和工匠人才创新工作室，牛德成当选国家电网有限公司农电专业首席专家。

◉ 全省率先开展"**空天地**"一体化智慧工地管控平台建设及应用，先后获得中电设协 2023 年电力行业工程建设管理创新成果一等奖、第 24 届亚太电协大会优秀成果等多项殊荣。

◉ 在省内率先实现分布式光伏可观可测的基础上，牵头研发省地协同分布式 AGC 应用，成功突破了中低压分布式光伏发电精准控制的"**技术瓶颈**"，相关成果荣获**全国职工创新一等奖**。

国网首席专家牛德成利用铣床加工多功能施工车零部件

李庆瑞 摄

张海强 摄

免高空作业智慧感知封网跨越架应用在 220 千伏彭越线路工程施工中

◉ 国网菏泽供电公司获评**全国文明单位、国网公司先进集体、国网公司脱贫攻坚先进集体**

◉ 巨野公司**获评全国脱贫攻坚先进集体**

◉ 成武公司**获评第七批全国学雷锋活动示范点**

星河璀璨

光明耀长河　幸福进滩区

九曲黄河，自菏泽入鲁，奔涌向海，宛如一条蜿蜒玉带，镶嵌在广阔的齐鲁大地。沿河渐次铺展的千里滩区，与浩荡长河交相辉映，形成一幅壮阔的金色画卷。

黄河自古以来"善淤、善决、善徙"，滩区百姓曾饱受其苦。而如今，放眼黄河滩区，座座村台拔地而起、条条银线跨越两岸、产业园区星罗棋布……翻天覆地的变化，离不开一代代电力人的艰苦奋斗，他们在"让黄河成为造福人民的幸福河"的伟大实践中贡献了独特担当。

296

拓荒之路——把光明洒滩区

中华人民共和国成立后，菏泽黄河滩区电力事业在一穷二白中艰难起步，电力人步履铿锵，把光明点点播种。

1976 年，10 千伏焦元线建成投运，菏泽黄河滩区结束不通电的历史，第一盏电灯在滩区亮了起来。

1983 年，东明城区北部的 35 千伏三春站成功送电，成为当时距离滩区最近的变电站，其配出的 2 条 10 千伏线路照亮了更多滩区群众的家。

10 千伏焦元线施工场景

20 世纪 90 年代，随着黄河水患的有效治理，滩区经济发展加速的同时，用电量也持续增长。早先依靠的 10 千伏配出供电线路，供电半径过长、线路末端负荷大，电能质量已无法满足滩区人民的生产生活需要，黄河滩区变电站建设需求愈发迫切。

1993 年 8 月，菏泽黄河滩区第一座变电站——35 千伏旧城站的建设拉开了序幕。

供电员工在滩区检修 10 千伏线路

旧城站站址临近黄河，工程地质全部为沙土地，土质淤松，按照常规变电站的建设标准，旧城站的安全稳定性得不到保障。经过反复论证，工程建设人员决定对地基土进行全部换填，以增强变电站地基承载能力。在此之前，这种大规模换填的地基处理方式在菏泽电网建设中并无先例。

当时，听说要在滩区建第一座变电站，周边的村民不顾天气酷热和连续强降雨造成的泥泞道路，纷纷赶来帮忙，他们和工程建设人员一起，一脚泥水，一身汗水，把变电站原有的松软土质挖出，将承载力更强的地基土夯实，啃下了变电站建设中最大的"硬骨头"。

35 千伏旧城站建成投运

经过一年多的连续奋战，1994 年 11 月，35 千伏旧城站投产送电，其配出的 6 条 10 千伏线路全部为黄河滩区供电，滩区用电历史从此掀开了新的一页。

10 千伏黄河北线施工场景

徐可 摄

旧城站的投运是国网菏泽供电公司加大滩区电力基础设施建设的缩影。在此之后，35 千伏董口站、左营站、10 千伏黄河北线……一批与滩区民生息息相关的输变电工程相继建成，完善了滩区网架结构，提升了供电能力和供电可靠性，为滩区经济的进一步发展奠定了基础。

奋进之路——为迁建注动能

经济社会的快速发展，让黄河沿岸整体面貌有了较大改观。但由于特殊的地理结构和巨大的历史惯性，滩区的集中性贫困与潜在的黄河漫流风险依然存在。

2003 年 9 月，受上中游连续强降雨影响，黄河发生罕见秋汛，黄河兰考段生产堤决口，洪水漫过大堤长驱直入，造成东明县长兴、焦园两乡镇全部被洪水淹没，滩区变成一片泽国。

2003 年 9 月滩区基础设施被洪水淹没

2017 年，山东出台《山东省黄河滩区居民迁建规划》，着力解决黄河滩区脱贫迁建难题，让 60 万黄河滩区居民彻底告别水患，过上更加美好的生活。

作为省内滩区面积最大、人口最多的地区，菏泽成为山东黄河滩区脱贫迁建的主战场。

滩区迁建第一步，是利用抽砂船抽出黄河中的大量沙土，经过沉淀、夯实，淤筑成数米高的村台底座。

供电公司人员检查电动抽沙设备

村台淤筑期间，为解决柴油抽沙船稳定性差、可靠性不足的缺点，国网菏泽供电公司推出"以电代油"方案，经过施工企业认可后，第一时间为抽沙企业安装 32 台变压器、架设 56.3 千米的供电线路。为保障数百条抽沙船正常运行，供电服务人员每天天不亮就起床，一条船一条船检查电动抽沙设备，不放过任何一个细节，确保设备能够正常运转。实施"以电代油"后，每立方米的抽沙成本从 2.3 元降到 0.8 元，村台淤筑效率也随之提升了 3 倍。

与此同时，滩区新一轮电网建设也在加速进行。

2017 年底，国网山东电力深入分析迁建后滩区经济发展趋势，决定在东明县长兴集镇建设一条农业专用线路，彻底解决历史上黄河频繁改道引起的西岸农田无电灌溉问题。

次年 1 月，10 千伏润农线开工建设。为克服滩区松软土质造成的桩基钻孔塌陷，建设人员反复试验，创新采用"泥浆 + 钢护筒"钻孔护壁形式。施工时正赶上新一轮强降雪来袭，道路完全被冰雪覆盖，大型机械无法入场，施工人员顶着刺骨寒风，手握冰冷的搅拌器搅拌泥浆、依靠人力肩挑手抬运送钢护筒……长时间在极

10 千伏润农线建成投运

寒环境中进行高强度作业，不少施工人员手上、脸上布满了冻疮，白天顾不上，一到晚上就痒得睡不着。

2018 年 12 月 4 日，润农线终于成功投产送电，汩汩黄河水源源不断地流向滩区田间地头。2019 年夏季，滩区旱情严重，但在稳定灌溉电源的助力下，当年夏粮反而实现每亩增产 300 余斤，丰收过后，周边 7 个村庄的村民代表组团把一面印有"农人欢颜感谢电力员工　润泽河滩电网凌空飞架"二十个大字的锦旗送到供电公司。那一刻，村民们个个喜笑颜开，丰产的喜悦和对未来美好生活的期待写满了脸颊。

村民代表联合把锦旗送至供电公司

润农线建成投运后，国网菏泽供电公司又相继开展 110 千伏长兴站、六合社区智慧村台等项目建设。在电力员工的不懈努力下，如今，菏泽黄河滩区共建有 5 座 35 千伏及以上变电站，10 千伏线路 123.68 千米，线路可开放容量 6000 千伏安……澎湃的电能，以更为充沛的形式涌动在这片土地上，缓缓推开了一幅"村美、民富、产业兴"的壮美画卷。

幸福之路——让发展更美好

2020年12月底，菏泽全面完成黄河滩区迁建工程，28个村台全部分房到户，14.6万滩区群众实现"百年安居梦"。

新环境，新生活，新起点。如何培育滩区产业发展沃土，助力群众增收致富，让他们实现既"安居"又"乐业"？作为经济发展先行官，电力必须有所作为。

供电员工到虎杖生产基地现场了解客户用电需求

2022年，东明格鲁斯生物科技有限公司决定扩大企业产能，将虎杖引入黄河滩区种植，建立集药材种植、采收、加工、生产、流通于一体的标准化虎杖种植综合园区。

在园区选址规划过程中，国网菏泽供电公司主动与政府、企业对接，提前掌握产业规划及用电需求，仅一周时间就把4.6千米的10千伏线路架设到虎杖基地"家门口"，实现了企业"入驻即用电"，为客户节省近50万元。

供电员工到黄河鲤鱼养殖基地帮助检查用电设施

园区建成之后，供电员工定期上门服务，建立能效账单、提供合理用电建议、及时为变压器改造增容……一项项有力的供电保障措施，让虎杖产业发展之路越走越稳。

供电员工在电力彩虹驿站向小学生讲解安全用电知识

在可靠电力的加持下，除虎杖种植外，黄河鲤鱼、青山羊养殖以及黄桃、葡萄等农产品种植产业也迎来了跨越式发展。目前，滩区特色产业已呈多点开花之势，解决了数万滩区群众的就业问题，让村民的平均收入翻了一番，实现了滩区居民长年以来"家门口"致富的美好心愿。

富起来的群众生活，也随之拉升了滩区用电负荷，这对供电服务提出了更高要求。

为更好服务滩区居民用电，2023 年，国网菏泽供电公司在滩区建设了 5 座电力彩虹驿站，驿站设置业务受理区、用电咨询区等多个区域，村民可在家门口办理居民新装、电费缴纳等用电业务。此外，国网菏泽供电公司还依托电力彩虹驿站设立了"村网共建"电力便民服务点，把供电服务网格融入基层政府网格，延伸拓展"线上 + 线下"供电服务渠道，完善村级用电服务功能，网格化、快速化提升服务响应效率。

奔腾千年的黄河，把苦难和贫穷翻进了河底，将美丽和富裕留在了两岸，成为了造福滩区百姓的"幸福河"。回头望去，黄河滩区的蝶变之路，每一步都离不开电力的保障，也刻印着电力人踏实奋进的痕迹，在黄河流域高质量发展战略加速推进的未来，电力也将一如既往地做好支撑，让源源不断的电流与时代发展"同频共振"，共同谱写出滩区经济高质量发展的崭新篇章。

张方刚 任仰攀 聂蓬 张怡童 文

滩区迁建村台夜晚灯光闪耀

光耀东营

大河之洲

湿地之城

红色故土

石油之城

◎ 这里是黄河入海的地方，九曲黄河携带着泥沙，年复一年地填海造陆，孕育了这座年轻的城市，形成了"河海交汇"的天下奇观。

◎ 这里湿地资源丰富，既有新、奇、旷、野的原生态湿地，又有精致、秀美的城市湿地，是首批认定的六个"国际湿地城市"之一。

◎ 这里是中国第二大油田——胜利油田的发源地和主产区，是我国重要的石油工业基地。

◎ 这里是著名的革命老区，保存着第一版中文译本《共产党宣言》，拥有山东最早的农村党支部，是山东战略区的稳固大后方。

赵英丽 摄

黄河育新城 东营正青春

渤海之滨，大河之洲。东营市成立于 1983 年 10 月，是中国黄河三角洲中心城市、中国重要的石油基地，是衔接环渤海地区与黄河流域的重要战略节点，是山东半岛城市群重要沿海港口城市和省会经济圈一体化发展城市。2016 年，新成立了国务院批复的全国第二个国家级农高区——黄河三角洲农业高新技术产业示范区（正厅级），设有 1 个国家级经济开发区（东营经济技术开发区）。

- **3** 区 **2** 县
- 面积 **8257** 平方千米
- 2023 年末常住人口 **220.9** 万人
- **11** 家企业入围中国企业 500 强，**15** 家企业入围中国民营企业 500 强，入围数量均居全省首位

■ 城市主推广语

黄河入海 生态东营

■ 城市卡通吉祥物

"河东东" "海营营"

■ 特色产业

五大优势产业：石化产业、橡胶产业、石油装备、
有色金属、新材料
两大特色产业：现代高效农业、文化旅游
两大未来产业：生物医药、航空航天

■ 美食

黄河口大闸蟹、史口烧鸡、利津水煎包、黄河口鲜鱼汤

■ 城市名片

国际湿地城市 国家卫生城市 全国无障碍环境示范市
全国文明城市
全国双拥模范城市
平安中国建设示范市
国家生态园林城市

黄高潮 摄

305

奋进之路

仅有 8 名员工的东营电力办事处挂牌成立，代行政府管电职能，黄河入海口的光明事业掀开崭新篇章。

1986 年

东营电力办事处改为东营电业局，负责东营电网的统一规划、建设、调度、管理。

1990 年

以"全域创新突破年"落实创新"登高先行年"行动部署，上半年完成售电量 153.61 亿千瓦时、全省第八。

2024 年

大力实施"基础管理提升年"，以强基提质赋能争先发展。全年售电量首次突破 300 亿大关，达 305.16 亿千瓦时、全省第八，同比增长 17.42%。

2023 年

原国网胜利（东营）供电有限公司 30 座变电站、362 条输配电线路、27.34 万客户全部移交，国网东营供电公司客户数量和设备规模增长三分之一。

2022 年

东营电业局代表山东电力集团与地方人民政府签署代管协议，对5个县区电业局实行代管。

东营市电力政企分开暨东营供电公司成立座谈会召开。

东营电力调控中心落成。

220千伏利津输变电工程送电成功，实现了220千伏变电站县域全覆盖的电网发展目标。

1999 年

2002 年

2003 年

2008 年

国网山东省电力公司与东营市签署战略合作协议，国网山东省电力公司与胜利油田签署能源融合协议，以实际行动全力支持东营发展。

国网山东省电力公司与东营市政府就共同推进山东（东营）坚强智能电网建设举行战略会谈，并签署合作协议。

东营地区第一座500千伏变电站——油城站送电投运，标志着东营电网迈入特超高压时代。

2021 年

2017 年

2009 年

丁洪安 摄

307

电等发展

逐梦光明　跨越发展

- 成立之初仅有"一座站一条线"，即110千伏沙营站和胜沙线。一代代东营电力人解放思想，抢抓机遇，东营电网茁壮成长，实现了从小到大、由弱变强的跨越式发展。

- 坚持"让电等发展"，渤海输变电、海口站间隔扩建等500千伏工程立项核准，电网建设"六开工、四投产"，全力打造坚强主网架。

- 加快推进配网提升三年攻坚行动，建成17项配网工程，推动主、配网协同一致发展，切实保障黄河国家战略等重大部署推进，全力满足经济社会高质量发展和人民对美好生活的用电需要。

用电客户 **191.33** 万户

售电量 **305.16** 亿千瓦时

35 千伏及以上变电站 **191** 座

变电容量 **2202.6** 万千伏安

输电线路 **5001.2** 千米

配电线路 **14159.1** 千米

李恒发 摄

220 千伏东城站全貌

李恒发 摄

309

能源转型　绿潮涌动

加强绿色生态电力系统实施路径、技术路线、政策机制研究，推动黄三角绿电系统"东营示范"逐步向**"黄三角模式"**演进。

聚焦鲁北基地、海上风电、海上光伏 **"三大基地"** 建设，做好 "十五五" 新能源项目送出规划研究。

深化**"清风暖阳"**行动，高效服务重大项目并网发电，助力东营加快发展新质生产力，打造绿色发展新引擎新优势。

服务鲁北基地"十四五"开发计划**首个项目、国内单体容量最大**的电化学储能电站并网。

新能源装机总量达到 **663.65 万千瓦、全省第五**，较 2023 年年底增长 10.5%。

李树杰 摄

电力赋能　乡村振兴

- 深度融入乡村振兴工作大局，实施**黄三角盐碱地绿色生态电力系统"六个一"示范工程。**

- 牵头完成**全国首套**乡村电气化团体标准，建成**全国首个**农村"光储直柔"示范项目、**首座**"风光储充换检"一体化服务站。

- 助力盐碱地农业振兴示范项目成功入选**全省乡村振兴十大优秀案例，**应邀参展清华大学公开论坛并作专题交流。

一粒种
李树杰 摄

一农机
李树杰 摄

一只羊
李树杰 摄

一只蟹

李恒发 摄

一度电

李恒发 摄

一只鸟

李恒发 摄

313

黄河入海　服务入心

- 发布**供电服务七项举措、重点项目特快接电十项举措**，办电服务融入全市"水电气热"联合报装平台。

- 实施供电服务品质提升三年攻坚行动，发布**全国首个**政企网格融合团体标准。

- 推出"爱山东"联网通办、报装"绿色通道"、小区充电网络改造等系列举措，示范打造居民充电桩办电"联合办、免证明、零投资"服务模式。

- 落地 **8 座**电动汽车"统建统服"示范站，打造 **2 个**有序充电示范小区，充电站建设"**10 开工、7 投产**"。

李恒发　摄

李恒发 摄

国网东营供电公司高永强创新团队在工作室开展创新成果研讨

创新驱动　聚势登高

■ 深化"油地创新创效联盟"建设，加快推进"**3+X**"示范性创新工作室打造，
充分盘活现有创新资源，激发全员创新创效活力。

■ 加强"产学研用"联合攻关，高质量推进国网公司级、省部级重大项目，获
得省部级以上奖励 **20 余项**，高端创新成果实现各领域、各层级"多点开花"。

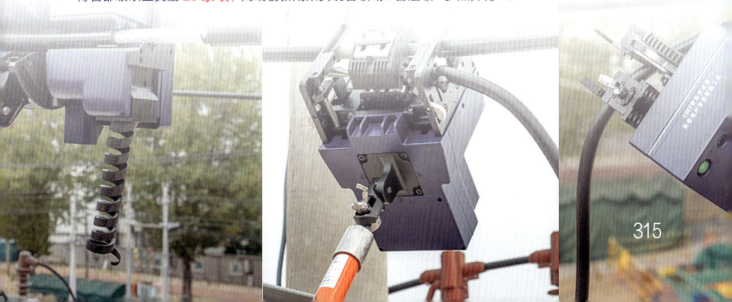

黄河尾闾提灯人

岁月流金　光明东营

东营是新中国最年轻的城市，却是山东著名的革命老区之一。1925年，全省最早的农村党支部刘集党支部就诞生于此。

在党的领导下，垦区军民大力发展经济，保障供给。1946年1月，一台12马力柴油机带动着4.5千瓦发电机，亮起了东营大地第一缕电力之"光"。

中华人民共和国成立后，为甩掉"贫油国"的帽子，声势浩大的华北石油会战全面展开。1965年，淄博电业局（时称）建成东营地区第一座变电站110千伏东营站，将油田用电接入鲁中电网，结束了孤岛运行的时代。1970年，35千伏利城站建成，各县均有了高压输变电设施，东营电网初步形成。1979年，胜利变电站投运，东营电网正式迈入220千伏时代。1983年，东营建市，东营地区共有35千伏及以上变电站42座。

胜利油田勘探开发步伐不断加快，新成立的东营市百业待兴，地区用电量急剧增加。1986年1月，东营电力办事处成立，代行政府管电职能。两年后，办事处投运110千伏沙营变电站和胜沙线，拥有了自建的"一站一线"。

1990年5月14日，东营电业局成立，实现了由临时办事机构向政府职能管理部门的转变，东营电力工业迎来了崭新的发展曙光。

艰苦奋斗　争创一流

　　1992 年 1 月 1 日，东营电业局从淄博电业局手中接管了 220 千伏胜利站。一群平均年龄仅 20 岁出头的娃娃兵，从站容站貌改造做起，拔草铺路，用双手向社会、向政府、向胜利油田表明了艰苦奋斗的决心。

　　同年 12 月 27 日，随着垦利县曹家村合闸送电，东营市实现村村通电；两年后，东营市实现户户通电，结束了点煤油灯照明的历史。

自此，东营电网发展阔步迈上了腾飞之路。十年间，从三个第一到实现了三个100%：1996年，第一套微机保护投入运行；1997年，第一座变电站实现无人值班；同年，第一台进口的六氟化硫开关投运。2000年，全省率先实现变电站无人值班率100%；2005年，保护装置微机化率100%；2006年，实现220千伏GIS覆盖率100%。这部艰苦奋斗的发展史，为东营电力发展注入了不竭动力。

李恒发 摄

初心使命　扬帆远航

　　国网东营供电公司坚持"高起点规划、高质量建设、高标准管理"，电网实现跨越式发展。2018 年 12 月，第三座 500 千伏垦东站顺利投运，500 千伏变电容量突破 500 万千伏安。东营电网基本形成了以 500 千伏电网为重要支撑，以 220 千伏电网为主网架，分层分级、协调发展、安全可靠的坚强智能电网，为东营经济发展提供强大的电力支撑。

　　2021 年 10 月，习近平总书记考察黄河三角洲农高区时勉励道，18 亿亩耕地红线要守住，5 亿亩盐碱地也要充分开发利用。如果耐盐碱作物发展起来，对保障中国粮仓、中国饭碗将起到重要作用。

2022 年 2 月，国网东营供电公司开展了黄河三角洲绿色生态电力系统建设，全面支撑东营市创建国家盐碱地综合利用技术创新中心、黄河口国家公园和国家现代能源经济示范区。

　　2023 年，国网东营供电公司实施黄河三角洲盐碱地绿色生态电力系统助力乡村振兴示范工程，通过电力赋能，呵护"每一粒种"、服务"每一农机"、育好"每一只羊"、养好"每一只蟹"、增效"每一度电"、守护"每一只鸟"。

　　黄河尾闾的第一盏灯，点亮了东营这片红色的热土。勤劳智慧的东营电力人自力更生，奋发图强，在波澜壮阔的发展建设大潮中，绘就了一幅沧桑巨变的壮美画卷。站在新的历史起点上，国网东营供电公司将乘势而上、创新突破，当好黄河尾闾"提灯人"，为东营高水平现代化强市建设助力赋能。

李凤芹　文

党秀娟　摄

光耀日照

东方太阳城　　　　北方绿茶之乡

联合国人居奖　　　水上运动之都

龙山文化发祥地

◉ **历史悠久，名人辈出**

这里是世界五大太阳崇拜起源地之一，蛋壳黑陶被誉为"四千年前地球文明最精美的制作"，这里有姜尚、刘勰、丁肇中等大家名人。

◉ **山海相依，生态宜居**

这里被誉为"北方的南方、南方的北方"，有"天下银杏第一树"，有"奇秀不减雁荡"的五莲山。

◉ **梦想花开，魅力时尚**

这里以港立市，港口吞吐量全国第六，是先进钢铁制造产业基地，是著名的"北方绿茶之乡"。

◉ **激情澎湃，活力四射**

这里每年举办各类体育赛事 1000 多场，10 万多高校学子在这里求学创业。山东省运会、中超联赛、全国职工马拉松系列赛事在日照精彩启幕。

邢奥 摄

323

日照的故事
于山海之间，百转千回

日照因"日出初光先照"而得名，以"蓝天、碧海、金沙滩"而闻名，一座生态优美的宜居之城，一座年轻有为的活力之城，一座温馨有爱的幸福之城，一座充满希望的发展之城。

拥山揽海
沐日出初光

邢奥 摄

面积
日照全市总面积 **5375.05** 平方千米

辖区
东港区、岚山区、莒县、五莲县 **2** 区 **2** 县

人口
2023 年末常住人口约 **295** 万人

地貌
背山面海，山地、丘陵、平原相间分布

奋进之路

从 1921 年日照亮起第一盏电灯，到第 114 座变电站夏陆站启用。百年间，一代代日照电力人用实干和担当践行了"人民电业为人民"的企业宗旨，谱写了"港城共富"的壮丽篇章。

1995 年

日照市实现户户通电。

1921 年

石臼商人李育宸创办"启明电灯有限公司"，从此日照点亮了第一盏灯。

1971 年

第一座 35 千伏变电站——高旺变电站正式送电，日照电网建设由此迈出第一步。

1958 年

灯塔发电厂建成发电，电开始走进百姓家中。

1991 年

日照电业局正式成立。

2001 年

500 千伏日照变电站建成投运，日照电网迈入超高压时代。

326

2015 年

全省首个沿海港口船舶岸电项目在日照港竣工送电。

2021 年

国网日照供电公司荣获"山东社会责任企业"。

2023 年

国网日照供电公司电力营商环境评价全省第一。

2022 年

国网日照供电公司建成全国首家"水电气暖"数字共享营业厅。

2024 年

国网日照供电公司建成全网领先绿色数智分拣中心。

2020 年

日照第100座变电站——220千伏晨阳变电站投运。

2013 年

国网日照供电公司首座智能变电站——110千伏获水变电站投运。

电等发展

日照电网概况

35 千伏及以上变电站 **115** 座

服务全市 **177.36** 万户电力客户

35 千伏及以上输电线路 **3677** 千米

10 千伏及以下配网线路 **11217** 千米

公用变电站容量 **1237.74** 万千伏安

500 千伏日照站
巨峰站和日照电厂
主要电源支撑

220 千伏
"三纵三横" 环网
主网架

10千伏配网
全部互联互供

"精致" 能源互联网

328

日照万平口景区
取自"万只船舶平安入口"之意，是日照的"城市会客厅"，也是游客来日照的必打卡之地

日照城市博览中心
邢奥 摄

邢奥 摄

积极服务生产、生活、生态"三生"融合

■ 积极助力新能源发展

开展"清风暖阳"专项行动，累计服务 7623 户 27.7 万千瓦分布式光伏高效安全并网，让更多绿电发得出、供得上、用得好。

■ 积极助力节能降碳增效

持续深化能效公共服务，累计为 67 家工业企业、135 家公共机构开展能效诊断服务，提供节能提效建议。

■ 积极助力新能源汽车下乡

推行充电桩免物业登记证明办电，实现市县城区及主要高速干道服务区充电站"全覆盖"、乡镇充电桩覆盖率超 50%，自营充电量同比增长 56%。

赵勇 摄

用心服务美好生活用电需求

■ **简化获得电力"惠民生"**

扩大"水电气暖"数字共享营业厅建设成效，率先通过"日照通"政务 App 实现一键缴费、联合过户，全省率先实现农村地区不动产权证明"免提交"办电。

孙奥 摄

■ **强化纾困举措"解民忧"**

扎实开展大走访活动，累计走访客户 6.53 万户，解决群众困难问题 137 件。多次停电意见工单下降 46%，数量全省最少，电力营商环境评价全省第一。

■ **优化服务感知"暖民心"**

省内率先打造"移动式"电力彩虹服务驿站，积极推进政企网格共建共治共享，试点打造东港凌云社区等 10 个网格融合示范点，确保群众诉求"第一时间知悉、第一时间响应"。

邢奥 摄

邢奥 摄

崔凯 摄

邢奥 摄

把创新"关键变量"转化为发展"最大增量"

全面推进创新"登高先行年"行动，明确 23 条行动计划、92 项重点措施。构建管理部门、攻关团队、专业和产业"四位一体"创新体系。

牵头国网总部科技项目，全省率先应用移动式伞型跨越架等一批创新举措，15 项成果获评省部级及以上创新成果。

深入实施人才强企战略，"一人一策一档"制定高端人才进阶培养规划。涌现出全国劳模贾廷波、全国青年岗位能手刘天成等一批先进典型。

李玉涛 摄

李玉涛 摄

赵勇 摄

"一盏灯"照亮"万家灯火"

盛夏时节，万物葱茏。俯瞰日照群山沃野，处处一派生机勃勃。一座座铁塔巍峨耸立，一条条银线绵延不绝，为这座海滨城市源源不断地输送着发展的动能与活力。

从 1921 年第一盏灯亮起，到 1983 年第一座变电站建成，再到 2024 年第 114 座变电站投运，星星之火终成燎原之势。回望百年岁月变迁，日照电力人一路风雨兼程、奋勇拼搏，以"满格"电能为社会经济发展写下了生动注脚。

邢奥 摄

2024 年 4 月 17 日，夏陆 220 千伏输变电工程投产送电

点亮万家灯火——户户通民心，照亮发展路

造林英雄与电力的不解之缘

夏培伦，一位见证着山村亮起"万家灯火"的耄耋老人，他所在的在龙店村坐落在日照、潍坊两市交界的大山上，"山高石头多，出门就爬坡"是这个村真实的写照。村里没通电，没有渠道学习农林知识，夏培伦守着产量很低的果园，最大的梦想就是家里能用上电。

1995 年，为了实现户户通电的目标，日照电力人翻山越岭，像蚂蚁搬骨头一样，徒手劳作，用了 20 多天的时间，架起了一座长达 3 千米的供电线路。

"盼，盼，盼！盼到山村送来了电；想，想，想！想念敬仰伟大的党。"1995 年 6 月 10 日，在龙店村热闹非凡，家家户户贴上了喜庆的对联。夏培伦含着泪合上电闸，从此结束了山村没有电的历史。那一刻，日照全市实现"户户通电"，比全国实施的"户户通电"工程整整提前了 11 年。

之后的 20 年时间里，国网日照供电公司持续加大农村电网投资力度，累计农网投资超 20 亿元，新建配电线路 436 条，新增架空线路 8627.2 千米、电缆线路 1326.4 千米，改造新上变压器 6833 台，新增容量 3820.4 兆伏安，电压合格率由 81.6% 提升至 99.3%。如今，在电力的加持下，村子里每天都有新的变化。夏培伦通过电视、网络学会了大量林果种植技术，开垦了大片荒山种满了树，被五莲县政府授予"植树能手"称号。在龙店村也变成了远近闻名的花果山，吸引了大批游客前来采摘、摄影，成为当地新兴的网红打卡地。

汩汩电力，不仅给大山深处的小山村带来了光明，更为像夏培伦这样的村民架起一座了解外界、实现科技致富的桥梁，照亮了幸福生活，温暖了人民心窝。

邢奥 摄

向着更亮的光——手握初心，望远山而前行

日照因港而建、因港而兴。港口与城市共融共生，也因电而蓬勃发展。

1921 年，时任日照县石臼所商会会长李育宸创办"启明电灯有限公司"。由于发电机容量太小，只能为几家船行和较大商号照明供电，从此电力和港口就结下了不解之缘。

港口发展，电力先行。自 1986 年日照港正式投产以来，从原来仅有 2 条 10 千伏输电线路进港，到现在 6 条 110 千伏环网多电源供电保障，条条银线为港口腾飞积蓄着充足电能。日照港现已成为世界最年轻的 4 亿吨大港，与 100 多个国家进行密切贸易往来。

疏港铁路是日照港对外运输枢纽，也是港口发展的"大动脉"。

"2 号主变第三次充电完成，监控后台机无异常信号。"随着站内一道道操作指令的结束，2024 年 4 月 17 日，220 千伏夏陆变电站顺利送电投运。为保障港口"大动脉"安全可靠运行，国网日照供电公司提前谋划研究牵引站接入系统方案，解决了站址土地性质调整等关键难题，历时两年完成夏陆变电站建设投运，高质量完成了 31.57 千米、途经高兴、巨峰等四镇的疏港牵引站外部供电工程，实现了疏港铁路牵引站的双电源供电要求，进一步提高了临港区域电网供电能力及可靠性。

338

邢奥 摄

日照港吞吐量居全国沿海港口第 6 位，拥有石臼、岚山两大港区，巨大的用能需求和广阔的作业场地，如何解决既节约成本，又满足用能需求这个方程，国网日照供电公司给出了"绿电"这个最优解。

上门建议并促成港口安装光伏发电项目，每年发出电量 2291 万千瓦时，节省资金 1283 万元；开展能源诊断、用能监测、节能改造服务，通过一系列用能习惯的调整优化，为日照港每年可节约电能 71.6 万千瓦时，能耗降低 25% 以上。

如何进一步让"绿电"生根，供电公司将日照港"日照东方"号船舶岸电应用列为年度实施项目，同时将另外三艘集装箱货运船舶岸电改造，纳入"绿色循环低碳港口"建设规划三年目标，日照港岸电从此起航。

截至目前，日照港共建成岸电系统 23 套，总容量共计 2.95 万千伏安，年可增加用电量 75 万千瓦时，服务船舶 300 余艘次、用电时长超 4000 小时，年可替代燃油 200 吨，减排二氧化碳 700 吨，大大增强了港口竞争力和可持续发展能力。

从用上电到用好电，从点亮一个家到温暖一座城，从运转一个车间到服务一个产业，从一根电线到一张覆盖全域的电网，电力事业正源源不断地为日照经济社会高质量发展注入新动能。

张善伟 邢奥 文

339